Augen-Blicke mit Mutter

Augen-Blicke mit Mutter

Erfahrungen von Devotees mit Mutter Meera auf Ihren Reisen durch Nordamerika

Frage: Mutter, warum reist Du jetzt so viel?

Antwort: Nicht jeder kann nach Deutschland kommen.

Mutter Meera
Oberdorf 4a
65599 Dornburg-Thalheim
Deutschland
Tel: +49 (0) 6436 91050, 91051
Fax: +49 (0) 6436 2361
www.mothermeera.com

Übersetzung aus dem Englischen mit dem Titel
‚Moments with Mother'.

Translation of English edition: 'Moments with Mother'.

ISBN 978–3–940881–27–4

Inhalt

Mach es Dir zur Gewohnheit,
das Göttliche um alles
zu bitten…

Mutter Meera

Augen-Blicke mit Mutter
Vorwort

Ein großer indischer Lehrer hat die Göttliche Mutter als ein schönes Juwel beschrieben, von dem wir nur einzelne Facetten erleben können. Niemals ist unser Blick weit genug, um das ganze Juwel zu sehen. Jede Facette ist schön, leuchtend und reflektiert das göttliche Licht, aber unsere Vorstellungskraft ist zu begrenzt, um das Juwel vollständig zu erfassen.

Dieses Buch gewährt uns einen Einblick, wie Devotees von Mutter Meera einige dieser Facetten gesehen und erfahren haben. Den Erzählungen liegen persönliche Begegnungen mit Mutter Meera zugrunde. Jede einzelne beschreibt auf unterschiedliche und unverwechselbare Weise eine Facette dieses Juwels. Vielleicht gelangen wir, wenn wir diese persönlichen Erfahrungen in ihrer Gesamtheit betrachten, zu einem besseren Verständnis von Mutter Meera und Ihrem Wirken als Göttliche Mutter.

Einführung

Dieses Buch enthält Erzählungen über kostbare und lebensverändernde, mitunter flüchtige, aber dennoch unvergessliche Augenblicke mit Mutter Meera. Ob es die unendliche Stille des Darshans ist, ein Lächeln von ihr, das Zweifel und Kummer verjagt, einige kostbare Worte oder die stille Seligkeit in Arbeitssituationen als Helfer im Mother Meera Team. Die Zeit mit der Mutter verändert unser inneres und äußeres Leben auf eine bereichernde Weise.

All jene, die Mutter Meera kennen oder durch dieses Buch kennenlernen, können die Freude und Geschenke erfahren, die uns Mutters Gegenwart auf der Erde gewährt. Die Erzählungen zeigen, dass es keinen Teil unseres Lebens gibt, den Mutters Gnade und Liebe nicht erreichen kann, wenn wir dafür offen sind. Wir alle sind Ihre Kinder, und wie bei jeder Mutter ist es Ihr größter Wunsch, uns liebevoll zu beschützen und unser inneres Wachstum zu unterstützen.

Mit dieser Sammlung persönlicher Erfahrungsberichte verbinden wir zwei Anliegen: zum einen möchten wir Einblicke in die tägliche Arbeit von Mutter Meera geben und zum anderen veranschaulichen, wie Ihre bedingungslose Liebe unser Leben mit unendlicher Gnade und Präzision verändert.

Die in diesem Buch beschriebenen Erfahrungen verbinden die Liebe, das Lernen, die Freude, das Annehmen und die persönliche Dankbarkeit, die in den Begegnungen mit Mutter entstehen. Wir laden Sie ein, diese wertvolle und tiefe Liebe und Gnade in Ihrem eigenen Leben kennenzulernen und, wenn Sie dies wünschen, auf diese Weise teilzunehmen an Mutters weltweiten Aktivitäten.

Wir kamen am Vorabend des Darshans am Veranstaltungsort an und trafen auf ein totales Chaos. In dem Tagungshotel war ein großes Sportereignis mit zahllosen Besuchern in vollem Gange. Gleichzeitig fanden nicht weniger als 15 Hochzeitsfeiern statt, und am Abend hatte eine große Geburtstagsfeier in einem Teil des Saals begonnen, wo am nächsten Morgen auch der Darshan stattfinden sollte. Zwei von uns gingen in den nicht benutzten Teil des Saals, um über den Aufbau für den Darshan nachzudenken. Hip-Hop-Musik dröhnte im Hintergrund und rund dreihundert junge Partygäste tanzten dazu. Die Musik war so laut, dass wir Kopfschmerzen bekamen. Außerdem stellte sich heraus, dass der von uns geplante Aufbau mit einigen Stolpersteinen für die Darshan-Gäste verbunden war. Wir entschieden uns daher, Mutter Meera um Ihre Hilfe zu bitten. Mutter kam hinzu und begann, die Anordnung der Stühle und die Einrichtung der Bühne zu bestimmen. Während der ganzen Zeit dröhnte die Musik nebenan weiter. Musik und Kopfschmerz pochten in meinem Kopf. Uns gingen Gedanken durch den Kopf wie: „Welch ein Desaster. Die Halle ist ein Desaster, ebenso das allgemeine Chaos im Hotel und die dröhnende Musik. Wie können wir das alles in einen Darshan-Saal verwandeln?“ Voller Sorgen verließen wir den Raum.

Am nächsten Morgen beendeten wir die Vorbereitungen. Die Darshan-Gäste kamen. Um 10 Uhr betrat Mutter den Saal und begann, Darshan zu geben. Innerhalb weniger Minuten war der Raum erfüllt mit Stille. Diese Stille und Kraft waren so stark, dass es sich so anfühlte, als hätte Mutter schon jahrelang an diesem Ort Darshan gegeben. Und selbst der Saal war jetzt schön! Nach dem Darshan lachten wir über unsere engstirnigen und dummen Gedanken, die wir uns vorher gemacht hatten. Es gibt nichts, was nicht durch Mutters Kraft in Stille verwandelt werden kann.

Kapitel 1

Frage: Was siehst Du im Darshan?

Mutter Meera: Ich gebe was immer die Person braucht.

Ich dachte, ich wüsste wer ich sei. Dann ging ich vor 20 Jahren erstmals zum Darshan. Und er sprengte meinen Verstand.

Ich ging weiter zum Darshan. Ich glaubte zu wissen was Liebe sei. Und der Darshan sprengte mein Herz.

Ich ging letztes Jahr zum Darshan. Ich dachte, ich wüsste was ‚Mensch sein' bedeutet. Und es war ein körperliches Erlebnis, das jede Zelle meines Körpers in ungewöhnlicher Weise energetisierte.

Ich dachte, ich wüsste, was Bewusstheit sei. Was ich bei Mutter Meera beobachtete, ist jedoch jenseits von Verstand und Worten.

Ich weiß eines. Das Göttliche ist in allem, überall, in jedem Herzen und jedem Augenblick. Mit Mutters Gnade will ich weiter lernen und diese Freude entdecken.

So viele hatten davon geträumt, dass Mutter in die Vereinigten Staaten kommen würde. Aber nach 25 Jahren in Deutschland, an vier Tagen pro Woche Darshan gebend, Monat um Monat, Jahr um Jahr, glaubte niemand daran, dass sie auf Reisen gehen würde. Niemand glaubte an eine Veränderung. Als sie gefragt wurde, warum es dann doch so gekommen sei, erwiderte Mutter: „Die Schreie meiner Kinder und die Anforderungen in dieser Zeit."

Wir hatten viele Fragen, doch oft mussten wir die Antworten selbst herausfinden. Eine Anweisung war zum Beispiel, einen Darshan-Saal in der Nähe eines großen Flughafens zu finden, so dass die Anreise für die Devotees möglichst leicht sein sollte. Und so fanden wir heraus, was für Mutter wichtig ist: dass die Menschen, die Sie sehen möchten, dies auf eine möglichst angenehme und bequeme Weise tun können. Es gab kein Handbuch als Anleitung für den Darshan, und so haben wir alle gearbeitet, vorbereitet und dafür gebetet, dass wir es „richtig" machen. Jetzt nach vielen Meilen durch viele Städte haben wir entdeckt, dass es kein „richtig" gibt. Oder falls doch, dass sich dies ständig ändert! So wie Mutter einem Devotee gegenüber einmal gesagt hat: „Es ist in Ordnung und sogar,

wenn es nicht in Ordnung ist, ist es in Ordnung."
Mutter spielt ständig mit uns!

Das erste, was wir am Flughafen von Mutter sahen, waren ihre Füße in bunten Sandalen auf der Rolltreppe, auf der Sie zur Gepäckausgabe herunter kam. Bald stand Sie neben mir, als wir auf die Taschen warteten. Sie war still, aber aufmerksam beobachtend, wie Devotees nach Taschen und Kisten griffen. Diese vier Tage in New York erzeugten ein Kaleidoskop von Eindrücken: Mutter mit den Helfern beim Bau eines Podiums; mein erwachsener Sohn, wie er fast den Gang hoch tanzte, als er Mutter das erste Mal sah; Mutter, die ihn lächelnd beobachtete, bis er bei Ihr war; der Andrang von sechshundert Menschen, die in den Saal strömten, um Mutter Meera zu sehen.

Außerhalb der Kirche, wo der Darshan stattfand, waren Autohupen, Sirenen und lautes Stimmengewirr zu hören, drinnen verschluckte die Stille den Lärm.

Fast ein Jahr war vergangen, nachdem Adilakshmi mich gefragt hatte: „Willst Du etwas für Mutter in Amerika tun?“ Meine Antwort war „Ja!“

Als Mutter während dieser ersten Reise nach New York kam, konnte niemand von uns, selbst die Mutter, aufhören zu lächeln. Wir verstauten die Taschen von Mutter, Adilakshmi und von fünf Begleitern in fünf Autos. Auf Wunsch von Mutter fuhren wir direkt zum Darshan-Saal – der „All Souls Unitarian Church“ im Herzen von New York.

Wir waren in einem Zustand von Aufregung und Freude. Innerhalb von Minuten planten die Helfer unter Mutters stiller Führung eine Verlängerung des Podiums, während Mutter half, Holzteile zu heben, zu halten und Kanten auszurichten. Andere Erinnerungen an jene vier Darshan-Tage sind, mit den Helfern auf den Chorstufen zu sitzen, um eine Pizza zwischen den Darshans zu essen, während Mutter ein Stück Pizza in einem Büro isst, in dem Sie sich während der Darshan-Pausen aufhält.

Man muss Mutters Göttlichem Willen Zeit lassen, um auf der subtilen Ebene die bestmögliche Lösung eines Problems zu erreichen. Ein Jahr lang hatten wir Schwierigkeiten, einen Darshan-Saal zu finden, der alle Anforderungen von Mutter erfüllen würde. Wir hatten über dreißig Säle besichtigt und keiner entsprach wirklich Mutters Wünschen. Als der Darshan-Termin immer näher kam, gab es einen wachsenden Druck, irgendeinen Saal zu wählen, bevor alles ausgebucht war und wir ohne dastünden. Schließlich entschlossen wir uns, diese Situation der Mutter darzubringen und Ihren Willen wirken zu lassen. Kurz nach dieser Entscheidung gingen wir los, um den letzten Saal auf der Liste zu besichtigen – und natürlich entsprach dieser allen Anforderungen. Er war an den erforderlichen Tagen verfügbar, und die Vermieter waren erfreut über die Aussicht, Mutters Darshan in ihrem Gebäude zu beherbergen. Tatsächlich entschieden sich viele ihrer Mitarbeiter, zum Darshan zu kommen, um Mutters Segen zu empfangen. Nach dem Darshan teilten uns die Vermieter mit, wie wunderbar die Erfahrung für sie gewesen sei, und sie äußerten die Hoffnung, dass wir im nächsten Jahr wiederkommen würden. Wenn der göttliche Wille statt unseres begrenzten Bewusstseins die Tätigkeiten lenkt, dann geht es leichter und das Ergebnis ist umso besser.

Mutter Meera gibt den Medien keine Interviews. In Chicago bat mich Adilakshmi, mit einem Mann zu sprechen, der Religionsberichterstatter einer örtlichen Zeitung war. Zögernd und unsicher setzte ich mich zu ihm. Im Gespräch fand ich heraus, dass wir einen ähnlichen Hintergrund hatten. Er stellte mir Fragen, und ich antwortete so gut ich konnte. Ich sagte ihm, dass ich über meine eigenen Erfahrungen spräche und nicht als Mutters Sprecherin. Er fragte mich, wie Mutter zu meiner christlichen Erziehung passen würde. Wir hatten ein interessantes Gespräch darüber, wie Mutter meinen Glauben gestärkt hatte und wie Sie mir zeigte, wer Jesus gewesen war und was er gelehrt hatte. Der Reporter entschloss sich, zum Darshan zu bleiben. Später sprach er mich im Buchladen an. „Ich bin ein Lutherischer Pastor“ sagte er, „meine Arbeit als

Religionsberichterstatter ist nebenberuflich, ich hatte ein außergewöhnliches Erlebnis beim Darshan. Die Atmosphäre war wie bei der Kommunion im Gottesdienst. Sie war heilig".

Unsere Aktionen wurden nicht von der Mutter angeordnet, sondern ergaben sich wie von selbst. Mutters Flexibilität und Konzentration wirkten durch uns. So konnte sie ihre Kinder trotz aller Hindernisse und Rückschläge am besten erreichen. Es ist verlockend zu sagen, Mutter sei wie eine Naturkraft gewesen, aber das trifft es nicht ganz. Mutter Meeras Bewusstseinskraft ist intelligent, absichtsvoll und verfolgt einen besonderen Zweck. Es ist eine schöpferische und nährende Kraft, die Unwissenheit zerstört.

Es ist ein interessantes Erlebnis, eine so unermessliche Leere und tiefe Stille in einer Person zu spüren. Mutter Meera ist eine Frau von kleiner Statur. Wenn Sie - wie so oft - einen schönen seidenen Sari trägt, ist Ihr Anblick zierlich und von eleganter Schlichtheit. Auf einem Kissen sitzend, beobachtete ich, wie Mutter mit gesenkten Augen den Darshan-Saal betrat, mit einem Hauch schüchterner Mädchenhaftigkeit zu Ihrem Sitz ging, um sich dann in ein oszillierendes Wesen zwischen Existenz und Nicht-Existenz zu verwandeln. Treffender kann ich es nicht beschreiben. Selbst dann nicht, wenn Mutter Meera vor meinem inneren Auge erscheint und verschwindet, während ich über die Bedeutung von „Heilung durch Lachen" nachdenke.

Als ein Mitglied Ihres Organisationskomitees während Ihrer Reisen durch Nordamerika in den vergangenen Jahren war ich dadurch gesegnet, Mutter außerhalb des offiziellen Darshans zu sehen. So habe ich erfahren, dass Sie einen scharfen, logischen und kritischen Verstand hat. Oft scheinen Ihre Anweisungen an Devotees die Logik auf den Kopf zu stellen. Ihre stille konzentrierte Intensität kann plötzlich in ein sonniges Lächeln übergehen, das den Raum erhellt. Sie hat einen wunderbaren Sinn für Humor, den man in flüchtigen Momenten erhaschen kann. Mutter Meera kann leise einen Raum betreten und ohne ein Wort alle Autorität beanspruchen. Auch konnte ich Ihre tiefe innere Ruhe erleben, sogar wenn Sie sich schnell bewegt.

Für mich geht es im Zusammensein mit Mutter nicht darum, alles logisch verstehen zu wollen. Es geht vielmehr darum, sich einem großen Mysterium zu öffnen, das auf tiefe und authentische Weise mein ganzes Sein erfüllt. Für mich macht das den ganzen Sinn der Welt aus.

Mein Freund Dale und ich hatten die Ehre, Mutter und Adilakshmi nach dem Darshan nach Hause fahren zu dürfen. Es sind ungefähr 23 Meilen, für die man 35 bis 40 Minuten braucht. Die Fahrt geht vom Mt. Baker-Highway nordwestlich von Bellingham durch Bellingham nach Süden. Bei insgesamt 13 Ampeln mussten wir nicht einmal wegen einer roten Ampel halten!

Der Besuch von Mutter Meera begann damit, dass ich gemeinsam mit meinem Bruder Mutter und Adilakshmi am Flughafen abholte und wir in einer wunderschönen tiefen Stille nach Hause fuhren. Diese zwanzigminütige Odyssee fühlte sich an wie zwei Minuten oder zwei Stunden. Es war eine sehr intensive, dem Darshan ähnliche, Erfahrung – mit der gleichen tiefen friedvollen Einheit von Verstand, Herz und Geist, die mein ganzes Sein erfüllte. Mutter schien die Zeit zum Stillstand zu bringen und den Raum im Wagen mit ihrer schönen Gottesliebe, Ihrem Licht und Ihrem Geist zu füllen.

Als wir in meinem Heim ankamen, brachen wir unser Schweigen. Wir sprachen über Pläne, Abläufe und Logistik auf eine sehr entspannte Weise. Mit Mutter zusammen zu sein und direkt mit Ihr zu sprechen, ist eine sehr surreale und fließende Erfahrung, wie eine Bewegung in Zeitlupe. Die „Darshan"-Autofahrt mit Mutter war eine der tiefsten, reichsten und liebevollsten Erfahrungen meines Lebens...bis jetzt!

Wir Helfer gingen in ein indisches Restaurant und wurden dadurch beschenkt, gemeinsam mit Mutter zu essen. Adilakshmi bat mich das Restaurant zu veranlassen, eine halbe Gallone

Mango-Lassi zubereiten zu lassen, die sie auf Ihr Zimmer mitnehmen könnten. Als ich Mutter und Adilakshmi zu ihrem Hotel fuhr und ihr Gepäck auslud, hatte ich die Mango-Lassi völlig vergessen. Ich fuhr eine halbe Stunde zurück zu meiner Unterkunft, bevor ich mich wieder daran erinnerte. Ich stellte die Mango-Lassi in den Kühlschrank und wollte sie am nächsten Morgen hinbringen.

Aufgrund der vielen Aufregungen schlief ich in jener Nacht kaum, und mein Verstand war beschäftigt mit all den Dingen, die am nächsten Tag zu tun waren. Als wir in Mutters Hotel ankamen, wurde mir klar, dass ich die Mango-Lassi wieder vergessen hatte. Jahrelang hatte ich darum gebetet, Mutter dienen zu dürfen! Hier war das erste, worum ich gebeten wurde, und ich versagte. Ich entschuldigte mich bei Mutter. Ich erinnere mich nicht mehr genau wofür, denn ich hatte nach meiner Einschätzung viele Fehler gemacht. Ich sagte, es täte mir leid und Sie antwortete: „Es ist okay“. Dann machte Sie eine Pause und fügte hinzu: „Und sogar wenn es nicht okay ist, ist es okay“.

Meine Mama hatte seit langem den Traum, mit meinen zwei Schwestern und mir zum Darshan zu gehen. Nun sollte es wahr werden. Wir planten unsere Reise nach Chicago, um Darshan zu empfangen. Es war eine wunderbare Erfahrung für jede von uns. Wir waren noch überraschter, als nach dem Darshan meine Mama, meine Schwestern und ich eingeladen wurden, Mutter und Adilakshmi privat zu treffen. Ich war von diesem kurzen Treffen so ergriffen, dass ich für die Fahrt zum Hotel zwei Stunden brauchte. Ich verpasste ständig die Ausfahrt von der Autobahn. Ich sah die Ausfahrt näher kommen, aber aus irgendeinem Grund konnte ich den Wagen nicht auf die Ausfahrtspur lenken. Wir fuhren die Schleife nochmal. Als wir das vierte Mal die Ausfahrt verpasst hatten, lachten wir alle und fühlten uns dabei so gut, dass ich nicht glaubte, jemals aufhören zu wollen. Ich war so überwältigt von Freude, Frieden und Liebe, dass unser Reiseziel unbedeutend erschien.

Es war in Denver (Colorado), wo ich Mutter kennenlernte und ich mit meiner Fahrangst konfrontiert wurde. Denn bevor ich Mutter traf, hatte ich Angst vor dem Autofahren. Aber dann schickte ich Mutter eine offizielle Einladung, nach Santa Fe zu kommen. Nach meinem ersten Darshan in Denver war ich fest entschlossen, mich um alles Notwendige zu kümmern, um Mutter nach Santa Fe zu holen. Und Sie antwortete mit dem magischen Wort „Ja!". Ich war außerordentlich glücklich über diese Antwort. Mutter reiste damals mit dem Auto von Stadt zu Stadt. Und sofort tauchte in mir die Angst vor dem Autofahren wieder auf. Aber durch die Gnade von Mutter lernte ich zu fahren. Es war, als ob ich Mutter als Fahrlehrerin gehabt hätte. Mutter kam von Sedona (Arizona) nach Santa Fe (New Mexico), und wir mussten Sie anschließend von Santa Fe nach Denver (Colorado) fahren.

Meine Fahrangst war immer noch vorhanden. Ich betete intensiv zu Mutter: „Bitte Mutter, steige nicht in meinen Wagen, lass jemand anderes Dich sicher nach Denver bringen!". Mein Gebet wurde erhört, welche Erleichterung! Aber ich entkam nicht ganz, denn ich sollte einige von Mutters

Begleitern nach Denver fahren. Keine große Sache, denn ich spürte, dass Mutter absolute Kontrolle über das Fahrzeug hatte. So fuhren wir sicher nach Denver. Auf meiner Heimfahrt von Denver nach Santa Fe überließ ich mich schließlich vollkommen Mutters Gnade, und die Furcht vor dem Fahren verwandelte sich unmittelbar in Freude. Folgende Analogie fällt mir dazu ein: Es ist wie wenn eine Mutter ihr Kind beim Laufen lernen mit offenen Armen ermutigt, auf sie zuzugehen. Mutter ist eine großartige Fahrlehrerin.

Einmal nach dem Darshan wurde ich gebeten, die Spenden aus dem Spendenkasten zu zählen. Nachdem ich mein ganzes Berufsleben mit Finanzdienstleistungen verbracht hatte, vornehmlich an der Wall Street, war ich daran gewöhnt, mit großen Geldmengen umzugehen. Ich erklärte, dass ich die großen Beträge aus der Spendenbox gerne zählen würde, die Ein-Dollar-Scheine mich aber nicht reizen würden. Adilakshmi, die bei Mutter saß, kam umgehend zu mir, als sie meine Bemerkung hörte. Sie sagte, dass Mutter mehr an einem mit Liebe gespendeten Dollar interessiert sei als an einem großen Betrag, der aus Ego-Bedürfnissen gespendet wird. Ich blickte zu Mutter, und als unsere Blicke sich trafen wusste ich – ohne dass Mutter ein Wort gesprochen hatte – dass dies eine wichtige Lektion für mich war. Sie hinterließ einen unauslöschlichen Eindruck auf mich und leitet seither mein Denken über Wohlstand. Eine solch tiefgründige Lebenslektion, die Mutter ohne ein Wort vermittelte. Nur ein Blick Ihrer Augen reichte aus, um ein jahrelanges falsches Verständnis über Reichtum und seinen richtigen Gebrauch zu verändern.

Darshan wird oft an Orten abgehalten, die keinen speziellen „spirituellen" Charakter haben (wie Schulen, Hotels, Tagungszentren). Besonders an diesen Plätzen haben wir die Wirkung von Mutters Gnade auf das dort arbeitende Personal wahrnehmen können. Manchmal beginnen die Mitarbeiter dort zwar freundlich, aber skeptisch oder desinteressiert. Aber dann beobachten sie, wie im Darshan-Saal eine immer tiefere Stille entsteht, sie sehen den Ausdruck von Offenheit und Freude auf den Gesichtern der Menschen, sie spüren die Liebe, die aus dem Saal strömt. Sie beobachten vom Eingang, wie Mutter Darshan gibt. Und dann geschieht etwas. Zunächst fühlen sich einige von ihnen dazu hingezogen, Darshan zu empfangen. Dann fühlen sich einige mehr bestärkt, zum Darshan zu gehen. An einigen Orten hat fast das ganze Personal den erstaunlichen Pilgerweg vom Eingang bis zum Teppich vor Mutter zurückgelegt. An einem Ort war das Personal so bewegt durch seine Erfahrungen im Darshan, dass es entschied, uns keine Rechnung für die Raumnutzung zu stellen. Sie sagten, es sei ihnen eine Ehre, Mutter zu beherbergen. In einem anderen Ort überlegte sich der Parkwächter – ein erst kürzlich in die USA Eingewanderter – einige Stunden lang, ob er zum Darshan gehen solle. Am Ende des letzten Darshans entschloss er sich dazu und es war wirklich schön, hinterher seinen Gesichtsausdruck zu sehen.

Meine Urenkelin Moriah war ungefähr sechs Monate alt, als sie Mutter zum ersten Mal traf. Es war, als Mutter, Adilakshmi, Tony und mehrere Mitglieder des Organisationskomitees zusammen mit anderen Helfern mich besuchten. Als freundliches Baby fühlte sie sich sehr wohl mit Fremden und als Mutter ihre Arme ausreckte, kam Moriah fröhlich zu Ihr. Gemeinsam gingen sie spazieren. Später schlief sie in Mutters Armen ein. Ein anderes Mal saß sie da und „sprach" mit Mutter, die genau verstand, was sie „sagte". Einmal fragte Mutter Gerard, wohin er gehen wolle, während sich die Beiden Bilder in einem Buch ansahen, und Moriah, die zahnte, kaute auf Mutters Perlen. Das Baby war glückselig.

Während Mutters Darshan-Tour sprach ich einmal privat mit Ihr über etwas aus meiner Vergangenheit, bei dem ich mich gerne anders verhalten hätte. Mutter lächelte mich herzlich an und sagte, dass sie weder mich noch einen anderen Menschen aufgrund einer Tat in der Vergangenheit beurteilen würde. Sie ist die Göttliche Mutter, und wir alle sind Ihre Kinder. Sie sagt, dass die Göttliche Mutter immer alle Ihre Kinder bedingungslos liebt und dass es Ihr einziges Interesse ist, Ihre Kinder glücklich und in Harmonie miteinander zu sehen. Mutter sagte mir, dass Liebe die einzige Macht ist, die Dinge wirklich dauerhaft ändern kann und dass sie uns alle durch Ihre Göttliche Liebe letztendlich völlig verändern wird. Unsere Aufgabe ist es lediglich, offen für diese Liebe zu sein, so dass sie ungehindert fließen und uns vollständig ändern kann.

Mutter hatte mehr als vierhundert Personen Darshan gegeben. Ich hatte die Ehre, für Sie die Türe aufzuhalten, als Sie aus dem Darshan-Saal schritt. Ich dachte, Sie würde erschöpft sein nach zwei Veranstaltungen, in denen Sie hunderten Menschen Darshan gegeben hatte. Aber sie ging hinaus und sah genauso frisch aus, wie sie hineingegangen war. Sie blickte mir in die Augen, und ich explodierte förmlich vor Licht und Freude – dies ist die beste Art, es zu beschreiben. Ich weiß nicht, was Sie tat, aber es ließ mich eine Woche lang auf Wolken gehen. Allein in der Nähe von Mutter Meera zu stehen, erzeugt „Stille". Mutter stoppt die Gedanken, die durch meinen Kopf gehen, bringt mein Herz zum Vorschein. Und ich bin glücklich.

Kapitel 2

Frage: Sollten Leute mit einem ruhigen Verstand zum Darshan kommen oder mit einem Gebet oder einem Wunsch?

Mutter Meera: Alles ist in Ordnung.

Bei Mutters zweitem Besuch in Ann Arbor konnte ich mich aufgrund gesundheitlicher Probleme nicht aktiv an der Vorbereitung des Darshans beteiligen. Es gab außerdem Probleme, weil frühere Helfer absagen mussten und unerfahrene Helfer deren Arbeit übernahmen. Außerdem standen nicht ausreichend Helfer zur Verfügung. Während das Organisationskomitee beunruhigt war, machte ich mir keine Sorgen. In meiner Zeit mit Mutter hatte ich gelernt, dass Mutter hilft und Sie tat es. All jene, die dieses „Mutter wird helfen" bis dahin noch nicht erfahren hatten, durften erleben, wie Problem um Problem gelöst wurde. Es gab beispielsweise eine Ablenkung im Darshan-Saal, als eine Gruppe in einem Veranstaltungsraum nebenan laut Beifall spendete. Aber die innere Stille erstickte das unerwartete Geräusch, und wir hatten wirklich einen „stillen" Darshan. „Welches Geräusch?" fragte jemand hinterher.

Es war am Morgen nach dem letzten Darshan in Los Angeles, als sich unsere Helfer einfanden, um Mutter auf Wiedersehen zu sagen. Wir standen in der Lobby, wo Mutter mir einige detaillierte Instruktionen für den nächsten Darshan gab. Sie drehte sich um und stand mehrere Minuten lang mit dem Rücken vor mir. Ich erinnere mich, dass ich mich heiß anfühlte und spürte, dass Sie an mir arbeitete. Mutter war kaum hinausgegangen, als die Haut in meinen Achselhöhlen anschwoll und gereizt wurde. Ich zeigte es einer Freundin, die Akupunkturärztin ist. Sie erzählte mir, dies sei die Gegend, wo wir energetisch Trauer verarbeiten und dass ich etwas Schwerwiegendes loslassen würde. Zwei Wochen später starb die Person, die mir am nächsten stand. Ich war dadurch nicht nur mit meiner Trauer konfrontiert, sondern auch mit der „Familienpolitik", die mich bis dahin erschüttert und in endloser Negativität gefangen gehalten hatte.

Ich flog zur Ostküste, um die Beerdigung zu organisieren und bemerkte, dass sich etwas in mir deutlich verändert hatte. Anstatt in den Familienauseinandersetzungen gefangen zu sein, war ich von ihnen befreit. Zum ersten Mal ertrug ich meine Familiendynamik mit Achtsamkeit und einem breiteren Verständnis.

Ich spüre, dass Mutter es gewusst hatte, was geschehen würde und mein Leid linderte, sogar bevor es begann. Sie befreite mich von meinem Schleier aus Furcht und Trauer. Was eine der traurigsten Zeiten meines Lebens hätte sein können, entpuppte sich als Göttliche Gnade, die mich im Innersten befreite.

Nach Ihrem ersten Darshan in Corvallis wollte Mutter den Pazifischen Ozean sehen. Diese Reise war die erste Begegnung, die ich mit Mutter außerhalb der Darshan-Aktivitäten hatte. Andere hatten mich ermutigt, eine Frage zu stellen oder eine Bitte zu äußern, wenn ich welche hätte. Ich tat es. Ich bat Sie um Hilfe, mein Knie zu heilen. Sie fragte, was der Arzt gesagt habe. Nachdem Sie gehört hatte, welche Behandlungen ich bereits unternommen hatte, sagte Sie einfach: „Ich werde helfen“. Sie hat nicht sofortige Heilung angeboten, aber am nächsten Morgen war es 99 % besser!

Ich erfuhr erstmals von Mutter Meera kurz nach der Geburt meiner Tochter in 2006. Ich schrieb der Mutter viele Briefe mit der Bitte um Hilfe, Führung und Unterstützung in meiner Elternschaft. Durch die Gebete in Form dieser Briefe begann ich mich mit Ihr sehr verbunden zu fühlen und ein tieferer Teil von mir öffnete sich allmählich. Ich beobachtete, wenn ich still Ihren Namen wiederholte (Japa machte), dass mein Tag dann in unerwarteter Weise leichter verlief, meine Tochter glücklich war und ich auf Personen oder Dinge traf, die hilfreich für unser Leben sind.

Im Jahr 2011, als meine Tochter 5 war, reisten wir nach Deutschland, um für zwei Wochen an Mutters Kindermeditation teilzunehmen. Am Schluss unseres Deutschlandbesuchs konnten wir uns kaum trennen.

Sechs Monate später erfuhren wir, dass die Mutter ein Haus in North Carolina gekauft hatte und Darshan in einem Hotel in der Nähe geben würde. So fuhr ich im Auto mit meinem fünfjährigen Kind in der Morgendämmerung erwartungsvoll nach North Carolina für eine Darshan-Woche. Meine Tochter hat einen starken Willen und ich machte mir Sorgen, dass es schwierig sein könnte, allein mit ihr zu reisen. Es floss aber so viel Liebe zwischen uns, dass es einfach wunderbar war.

Die Reise war allerdings äußerlich schwierig. Es war eine große Entfernung und es gab einen heftigen Wolkenbruch. Unverhofft gab uns der Autoverleih ohne Aufpreis einen viel besseren Wagen, als ich bestellt hatte: einen neuen extravaganten mit Allradantrieb, der viel besser für die Straßen und das Wetter geeignet war. Nachdem wir im Hotel angekommen waren, wurde uns gesagt, dass wir wegen eines Buchungsproblems mit einem anderen Gast eine Suite bekommen sollten. Sie war perfekt geeignet für Mutter und Kind und zudem in ruhiger Umgebung. Ich spürte, dass Mutter uns beschenkte und für uns sorgte. Gleich nachdem wir unser Gepäck ins Zimmer gestellt hatten, sahen wir Mutter auf dem Rückweg vom Darshan, wie Sie mit einem Ihrer Devotees auf uns zuging. Sie blieb stehen und hielt die Hand meiner Tochter. Ich dankte Mutter dafür, dass Sie zu uns in die Vereinigten Staaten gekommen war. „DANKE Mutter, aus ganzem Herzen!!“ Dies war das einzige Mal, dass ich persönlich mit Mutter gesprochen habe.

Während ich Mutter zum Darshan fuhr, sah Sie aufmerksam aus dem Fenster, als wir an einigen Obdachlosen vorbeifuhren. Aufgeregt bat ich Mutter Meera, meiner Mutter zu helfen, die den Verlust meines Vaters betrauerte und mit dem Partnerverlust kämpfte. Sie fragte mich, ob meine Mutter allein lebe. Ich antwortete „ja“ und dachte darüber nach, dass sie nicht wirklich bei einem ihrer Kinder leben wolle. Aber meine Mutter hatte gesagt, dass sie gerne mehr Freunde hätte. Mutter sagte, dass Sie helfen würde.

Als wir spät in der Nacht nach dem Darshan in meiner Küche saßen, sagte ich Mutter, wie unendlich dankbar ich sei, weil ich viel mehr bekommen als jemals erbeten hatte. Sie antwortete: „Ja,

Träume können wahr werden und sie werden auch wahr und manchmal sind sie sogar größer, als wir für möglich gehalten haben."

Bei einem Besuch von Mutter in unserer Heimatstadt hatten wir das Glück, an zwei Tagen Darshan zu empfangen. Nach dem ersten Darshan fühlte ich mich im ganzen Körper und Geist leichter. Am zweiten Tag erkannte ich, dass ich die Mutter innerlich um Hilfe bitten kann, also bat ich während des Darshans um Hilfe, um meine Achtsamkeit zu verbessern. Nach jenem Darshan erfuhr ich eine stark erhöhte Sensibilität gegenüber allem um mich herum. Ich sah die ganze Zeit über so viele Dinge um mich herum geschehen und sah, dass diese Dinge sehr subtil und schön waren. Zum Beispiel wurde ich mir darüber bewusst und spürte, wie Dinge außerhalb meines Blickfeldes geschahen, und manchmal sah ich, wie sich Form und Farbe in den Energiefeldern der Menschen veränderten. Diese kontinuierliche Wahrnehmung der schönen und ständigen Fluktuationen um mich herum hielt einige Tage nach dem Darshan an. Die ganze Welt schien ein anderer Ort zu sein.

Dieser Zustand war mit einem tiefen Gefühl für die Heiligkeit aller Dinge verbunden, das manchmal so tief war, dass ich mich hinsetzen musste, um diese unglaubliche Welt zu beobachten und zu erfahren. Es war wie ein Geborenwerden in ein anderes Reich, in dem ich alles „sehen“ konnte. Obwohl diese Erfahrung nur einige Tage anhielt, hat dieses im Darshan empfangene Geschenk mich und meine Beziehung zu allem dauerhaft verändert.

Kapitel 3

Frage: Wenn ich sterbe, wirst Du bei mir sein?

Mutter Meera: Ja, natürlich. Wenn Du in diesem Leben verbunden bist, wird es sich fortsetzen. Die Verbindung wird nicht abbrechen.

Mutter spricht im Allgemeinen nicht viel zu uns, außer wenn es um die Anleitung und Führung bei unserer Arbeit geht. Manchmal gibt es den Luxus, Zeit für Fragen und Antworten zu haben. Die meiste Zeit kommuniziert die Mutter mit uns auf spielerische Art durch Lachen, Scherzen, Necken.

Wir saßen am Tisch ohne wirkliche Beschäftigung und mein Handy klingelte. Es war meine Schwester und ich meldete mich mit meinem Spitznamen „Jo Anna Banana“. Mutter fand das witzig und krümmte sich vor Lachen, dabei wiederholend „Jo Anna Banana, Jo Anna Banana“.

Einen Monat später war ich im Darshan-Saal in New York. Ich hatte Mutter seit diesem Erlebnis nicht mehr gesehen. Ich half bei der Anmeldung und Mutter begegnete mir auf dem Weg zum Darshan-Saal. Normalerweise geht sie mit gesenktem Kopf zum Darshan. Aber als Sie an mir vorbei ging, hob Sie den Kopf, lächelte und sagte: „Jo Anna Banana“.

Von da an nannte mich Mutter öfter „Banana“. Einige Jahre später gab Mutter Darshan in Boston, und meine Schwester besuchte mich am Abend vorher. Wir unterhielten uns in Mutters Zimmer, als meine Schwester eintraf. Ich entschuldigte mich und sagte, dass meine Schwester gekommen sei. Mutter sagte, ich könne sie einladen zu Ihr zu kommen. Es war sehr schön. Mutter sprach mit meiner Schwester und gab ihr Darshan und hielt sogar ihre Hand. Im folgenden Jahr kam meine Schwester zum Darshan nach Connecticut, und als ich nach dem Darshan zu Mutter ging, sagte Sie zu mir: „Die andere Banane ist hier“.

Bei einem anderen Besuch von Mutter war meine Urenkelin fast vier Jahre alt. Ich war gespannt, wie sie auf Mutter reagieren würde, die sie über eineinhalb Jahre nicht gesehen hatte. Mit der Familie ging sie jetzt schüchterner um und war etwas erwachsener. Als sie Mutter sah, rannte sie sofort zu Ihr, und Mutter hob sie hoch. Inzwischen war sie halb so groß wie Mutter. Sie hatte nichts vergessen, das zeigte ihr Gesichtsausdruck. Gemeinsam spielten sie mit Bauklötzen auf dem Wohnzimmerboden und bauten wunderbare Schöpfungen. Nach einer gewissen Zeit saß eine Gruppe Erwachsener ebenfalls spielend auf dem Fußboden. Mutter spielte mit Ihren Kindern! Als meine Urenkelin gehen musste, verabschiedete sie sich sehr feierlich von jedem Erwachsenen und sagte, dass sie jederzeit willkommen seien, um mit ihrem Spielzeug zu spielen. Ich fragte Mutter anschließend, ob Sie meine Urenkelin als Architektin ausbilden wolle. Mutter lachte und sagte: „Ja, ich könnte eine brauchen".

Tee, Tee und noch mehr Tee gibt es bei mir zum Frühstück. Eines frühen Morgens, als ich am Tisch saß, leistete mir Mutter Gesellschaft bei Toast und Tee. Ninja, unsere Katze kam von unten herauf, schob die Tür auf und starrte Mutter an, wie es Katzen tun: sie schloss kurz ihre Augen, starrte dann Mutter an, schloss wieder die Augen usw. Mutter beugte sich vor, starrte zurück, ahmte Ninja nach, schloss und öffnete mehrmals die Augen. Ich dachte natürlich, dass Mutter Ninja Darshan gab oder hatte sie einfach nur Spaß mit der Katze? Beide sahen glücklich durch die Begegnung aus, was immer sie auch bedeutete.

Wir „amerikanischen" Damen fuhren in einem Wagen und Mutter in einem anderen zusammen mit jenen, die mit Ihr aus Europa gekommen waren. Beide Autos waren am Vormittag losgefahren, jedes in seinem eigenen Tempo. Wir nahmen irgendeine Ausfahrt zum Tanken und entschieden uns, auf diesem Parkplatz auch einen Mittagsimbiss einzunehmen. Wir lachten, weil wir nach all den schönen Orten, die wir am Vormittag durchfahren hatten, nun auf einem Tankstellenparkplatz in der Nähe eines Bahngleises und einer Abfalltonne saßen. Dennoch war das mitgebrachte Essen delikat, und wir ließen es uns gut gehen. Plötzlich blickte Ethel auf und rief: „Mutter!". Der andere Wagen hatte zufällig dieselbe Tankstelle gewählt – und da war Mutter mit einem breiten Willkommens-Lächeln! Sie ging mit den anderen hinein, um einen Tee zu trinken und kam dann zu unserem „Picknick“ dazu, um mit uns am Bahngleis zu sitzen!!

Nachdem ein Darshan-Wochenende vorbei war, wollte Mutter drei Grundstücke besichtigen, die wir gefunden hatten. Obwohl es kalt war, fuhren wir in einem großen SUV zu den Plätzen. Als wir zu dem ersten, 20 Morgen großen Grundstück fuhren, rannte eine Gruppe von Rehen über unseren Weg und jemand im Rücksitz fragte Mutter, ob dies eine besondere Bedeutung habe. Mutter nickte und sagte „Ja“. Ich erinnere mich, dass ich vom Fahrersitz hinüber zu Mutter blickte und Sie mich ansah. Ich flüsterte Ihr zu: „Hat alles eine Bedeutung?“ Sie nickte grinsend.

Als wir im Hotel ankamen, wurde uns gesagt, dass Mutter in einem nahegelegenen Restaurant mit örtlichen Helfern aß und dass wir eingeladen seien teilzunehmen. Vielerlei Gerichte wurden bestellt. Wir aßen und lachten und genossen es, die

Zeit mit Mutter zu teilen. Wir waren alle ziemlich satt, aber es tauchte immer mehr Essen auf. Dann wurde mir Brot gereicht, mit der geflüsterten Botschaft: „Es ist Prasad“. Obwohl ich schon satt war, nahm ich etwas Brot und gab den Teller und die Botschaft weiter. Dann wurde mir noch eine Platte mit Essen gegeben mit der gleichen Botschaft und noch eine und noch eine. Nun lächelte und staunte ich. Dann blickte ich zu Mutter. Ihre Augen funkelnden vor Lachen. Sie hatte einen Weg gefunden, um nichts zu vergeuden.

Alle neuberufenen amerikanischen Organisatoren wurden gebeten, Mutter bei einer Besprechung zu treffen. Eines Nachmittags wurden einige Extra-Stühle ins Wohnzimmer gestellt. Um dem Treffen einen offiziellen Charakter zu verleihen, erklärte jemand Mutter das geplante Tagungsprotokoll: „Es wird jemand auf die Zeit achten und natürlich übernimmst Du die Rolle der „chairperson“ (Vorsitzende). Mutter nickte und grinste. „Ja, natürlich, ich bin die „Chair“-Person („Stuhl“-Person), sagte Sie und schlug die Hände auf die Lehnen des

Stuhles, in dem sie saß. Als ich dies hörte, muss ich lächeln. „So ist das wieder mal“ dachte ich. Mutters Sinn für Humor ist subtil und für jene, die sich auf seriöse Geschäftsart versammelt hatten, dauerte es etwas, bis sie verstanden hatten. Aber bald lachte die Gruppe mit Mutter, und es entstand eine familiäre Atmosphäre, um Mutters amerikanisches Darshan-Programm vorzubereiten.

Während Ihres ersten Besuchs änderte Mutter die Anweisungen für die Durchführung der Darshans jedes Mal. Wir hatten ein großes Team von Helfern. Bei der Vergabe von Aufgaben entschieden wir jedoch, dass die Begleiter von Mutter dieselben Tätigkeiten im Darshan-Saal wie in Deutschland tun sollten. Jedenfalls waren sie die Experten und wüssten am besten, wie es gemacht werden sollte. Nach dem ersten Darshan sagte Mutter, dass wir (die Einheimischen) die Arbeit im Darshan-Saal machen sollen. Der Plan wurde schnell umgestellt, Helfer wurden rasch in ihre Aufgaben eingewiesen und dann wurden bereits die Türen geöffnet. Beim nächsten Darshan sagte

Mutter, dass es anstatt einer Wartereihe zwei Reihen geben sollte, eine auf jeder Seite von Ihr. Beim darauffolgenden Darshan nahm Mutter den Wartestuhl weg. Jedes Mal war es anders. Wir fühlten uns, als ob Mutter mit uns spielen würde – und wir liebten das. Es ist unbeschreiblich, mit Mutter im Spiel zu sein.

Bevor Mutter Ihre erste Reise in die Vereinigten Staaten machte, hatte ich bereits seit 14 Jahren Darshan in Deutschland empfangen. Sie kam nach North Carolina und gab während Ihres dreitägigen Besuchs über zweitausend Personen Darshan. Damals lud Sie jene, die geholfen hatten, zu Fotoaufnahmen mit Ihr ein. Ich kniete direkt neben Ihr. Sie drehte sich zu mir um und lächelte mich direkt an, eine völlig neue Erfahrung für mich. Ihr Ausdruck während des Darshans erscheint so ernst mit vollkommener Konzentration. Ich hatte schon viele Bilder gesehen, auf denen Sie lächelt; ich hatte aber niemals zuvor Ihr Lächeln persönlich erlebt.

Nach diesem kurzen Augenblick mit Mutter stand ich auf, zurück taumelnd, ohne Gefühl für

Raum und Zeit. Ich stand dort und wusste nicht, was ich als nächstes tun sollte. Einer meiner Freunde brachte mich zurück zu unserer Gruppe, wo wir beobachteten, wie jeder mit Ihr fotografiert wurde.

Am folgenden Tag, als die Zeit für Mutters Abreise nahte, ging ich zu Adilakshmi, um auf Wiedersehen zu sagen. Sie nahm mich an der Hand und ging in Richtung von Mutters Zimmer. Ich hatte keine Ahnung, was sie tun würde. Nach einem kurzen Augenblick öffnete Adilakshmi die Tür, zog mich hinein und sagte: „Schau wer hier ist, Mutter. Es ist Rachael". Mutter drehte sich herum, Ihr schönes Gesicht erstrahlte mit einem großen Lächeln. Wieder wusste ich nicht, was ich tun sollte. Dies war sichtlich komisch für Mutter und Adilakshmi, und bald lachten wir alle zusammen.

Nachdem ich Jahre lang um die Möglichkeiten gefleht hatte, mit Ihr zu sprechen, fiel mir nichts ein, was ich hätte sagen können. Schließlich kamen die Worte: „Danke, danke, danke", immer wieder. Jahre später las ich Meister Eckharts Worte: „Wenn das einzige Gebet, das du in deinem Leben sagtest „danke" war, dann ist das genug." Jemand berichtete mir, dass Mutter einmal sagte, eine Ihrer liebsten menschlichen Erfahrungen sei es, ein gutes

Lachen mit einem anderen Menschen zu teilen. Dieser spielerische Moment mit Ihr wirkte wie ein kleines Heilungswunder. In Ihrer Gegenwart öffnete sich mein Herz in reiner Freude. Sie spiegelte mir diese Freude zurück wie eine liebevolle Mutter im Umgang mit einer etwas unbeholfenen aber glücklichen Tochter. Ich werde die Erinnerung an das Lachen mit Mutter immer in Ehren halten.

Was wir mit Mutter Meera erleben dürfen, ist schwer in Worte zu fassen. Ich glaube, das ist einer der Gründe, warum in Deutschland alle Leute nur darüber sprechen, wie schön Mutters Saris seien.

Ich bin überrascht über die Fragen, die mir über Mutter Meera gestellt wurden. Ich vermute, dass es Gerüchte gibt oder die Menschen denken, dass sie „etwas wissen" sollten. Es gibt aber nichts zu wissen für sie. Es ist irgendwie anders, wenn Adilakshmi Türen für dich öffnet oder Mutter deine Päckchen trägt oder dir Tee zubereitet. Es ändert die Beziehung und bringt sie auf eine persönlichere Ebene. Es ähnelt der Beobachtung, die jemand macht, wenn er erkennt: „Mutter kennt meinen

Namen". Welch ein unglaublicher Segen, der die Dinge in die richtige Perspektive rückt.

Ein Mitglied des Organisationskomitees in Los Angeles wusste, dass Mutter bei meiner Familie gewohnt hatte, und fragte mich, wie es sei, mit Mutter zu leben. Ich weiß nicht, was die Person wirklich wissen wollte – aber ich spürte, dass es eine ernsthafte Frage war. So antwortete ich ihr aufrichtig: „Normal, ganz normal" sagte ich und musste lachen. Meine jüngste Tochter und ihre Familie gehen in eine kleine Kirche und am Heiligabend eines Jahres war das Thema der Predigt: „Was würdest du tun, wenn das Göttliche in dein Haus kommen würde?". Sie beugte sich vor, stupste ihren Mann an und flüsterte: „einfach da sein, tun was zu tun ist – und hier ist das T-Shirt".

Kapitel 4

Frage: Mutter, magst Du manche Dinge und andere nicht?

Mutter Meera: Es ist keine Frage des Mögens. Für mich ist wichtig, ob es funktioniert.

Ich hätte es besser wissen müssen. Ich hatte ja die Geschichte gehört, dass Mutter Meera Nägel aus Brettern zieht und die Nägel wieder verwendet. Das hätte mir Hinweis genug sein müssen, dass Mutter überhaupt nicht extravagant ist. Dennoch zögerte ich, als uns einige baten, Mutter während ihres Aufenthalts in unserer Stadt zu beherbergen. Ich dachte, dass unsere Wohnung nicht „hübsch" genug sei für Mutter. Ich sagte „ja", aber schränkte es ein, indem ich hinzufügte, dass es gut wäre, noch einen besseren Ort zu suchen. Es tauchte jedoch nichts auf, und so begann ich zu putzen, streichen, bügeln und alles im Hinblick auf Mutters Besuch vorzubereiten.

Schließlich kam der Tag vor Mutters Ankunft. Ich fühlte mich entspannt und erleichtert darüber, dass alles auf meiner Liste abgehakt war. Dann bekam ich einen Anruf, dass es gut wäre, wenn wir einen Platz für Mutter und zehn andere Personen finden würden, nur zehn Minuten vom

Darshan-Saal entfernt. Ich atmete mehrmals tief durch und ließ die Erwartung fahren, dass Mutter in unserer Wohnung außerhalb der Stadt wohnen würde. Wir gingen daran, den perfekten Ort zu finden. Glücklicherweise gab es ein Luxushotel in der Nähe des Darshan-Saals, das Platz für diese große Personenzahl hatte. In unserer Stadt kostet ein 5-Sterne-Hotel mit Suiten oder Zimmern für elf Personen für vier oder fünf Tage eine ganze Menge. Aber ich hatte keinen Zweifel, dass Mutter die bestmögliche Unterkunft haben solle. Als ich Adilakshmi anrief, um ihr die gute Nachricht mitzuteilen, fragte sie mich sofort, wie viel es kosten würde. Ich wollte es ihr nicht sagen und meinte, dass es unser Geschenk sei und dass Kosten dabei keine Rolle spielten. Es wäre uns eine große Freude, dies zu tun. Adilakshmi insistierte und meinte, Mutter sei immer auf die Kosten bedacht. Schließlich gab ich nach und sagte es ihr. Adilakshmi ging zu Mutter und kam augenblicklich zurück – mit einem definitiven NEIN! Mutter würde bei uns außerhalb der Stadt wohnen und die anderen Begleiter in der Nachbarschaft.

Die Reservierungen im Hotel wurden storniert. Am nächsten Tag traf Mutter ein. Es wurde uns sofort klar, dass es nur das Leuchten der göttlichen Mutter gibt, selbst wenn Sie eine bescheidene Wohnung betritt. Die Umgebung erstrahlt in einem Glanz, der zu keinem Preis gekauft werden kann. „Unsere Liebe, einfach und rein. Füge Mutter hinzu." Dies ist das Rezept für Glückseligkeit.

Mit Mutter in Amerika unterwegs zu sein, ist wie ein erster Besuch in Disneyland. Du weißt, dass es ein Abenteuer sein wird, aber du hast keine Ahnung, wie vielschichtig es sein wird. Natürlich beginnt es ganz seriös, darauf ausgerichtet, den nächsten Darshan-Veranstaltungsort zu erreichen. Aber an der Strecke liegt etwas, was Mutter anscheinend interessant findet, sei es ein Stück Land oder eine skurrile Touristenattraktion, bei der du keinerlei Interesse von Ihr erwartet hättest. Wenn du dich dem unvermeidlichen Umweg hingibst, dann endet es darin, dass du gemeinsam mit Mutter über die Vollkommenheit des Augenblicks lächelst.

Im ersten Jahr als Mutter nach längerer Zeit wieder die Vereinigten Staaten besuchte, arbeitete ich als Helferin beim Darshan-Dienst mit. Ich half Personen, die Hilfe benötigten, auf die Bühne zu gehen und stellte ihnen, wenn es nötig war, einen Stuhl hin. Nach dem ersten Darshan wollte Mutter einige Veränderungen vornehmen, um es diesen Menschen zu erleichtern, auf die Bühne zu kommen. Sie gab einige Anweisungen und ich stellte einige Fragen, um mich zu vergewissern, dass ich verstanden hatte. Anscheinend wollte ich es zu genau wissen, denn Mutter sagte „Du musst flexibel sein".

In den ersten Jahren, als ich für Mutter Meera in den Vereinigten Staaten arbeitete, hatte ich viele Fragen, wie Mutter die Dinge haben wollte. Ich schickte E-Mails und Faxsendungen nach Deutschland mit Fragen: „Will Mutter, dass wir A oder B machen?". Die Antwort war ausnahmslos „Ja" oder etwas ähnlich Rätselhaftes. Bis heute weiß ich nicht, ob es an der Übersetzung lag oder Mutters Art war, mir zu raten, meinen gesunden

Menschenverstand zu benutzen. Ich vermute das Letztere. Mutter scheint einfache, unkomplizierte und preiswerte Lösungen vorzuziehen, welche die Bequemlichkeit, Leichtigkeit und die Erfahrung der Stille während des Darshans berücksichtigen. Interessanterweise erweisen sich die gefundenen Lösungen immer getragen von einem gesunden Menschenverstand.

Mutter und Adilakshmi wohnten auf ihren Amerikareisen öfter bei mir. Was für eine wunderbare Erfahrung, Sie bei mir zu haben! Sie waren so hilfsbereit, nahmen an allen täglichen Aktivitäten teil. Mutter schenkte mir Tee ein und half beim Decken und Abräumen des Tisches. Wenn ich das Geschirr abspülte, trocknete Sie ab. Als mein Kopierer einmal nicht funktionierte, ging Mutter gleich mit Schraubenzieher und Zange an die Arbeit. In wenigen Minuten hatte sie ihn repariert. Ein anderes Mal eilte ich nach der Vorbereitung des Darshan-Saals zurück nach Hause, um Mutter abzuholen. Ich fuhr in die Einfahrt und rief hinauf, um Mutter nach unten zu bitten. Es wurde mir jedoch gesagt, ich solle hinaufkommen. Als ich in meine Wohnung kam, sah ich, dass Mutter den Tisch für mich gedeckt hatte. Sie sagte, dass ich mir zunächst Zeit zum Essen nehmen müsse, bevor Sie mit mir zum Darshan-Saal fahren würde.

Nichts bleibt beim Alten im Zusammensein mit Mutter. Jede Reise ist anders, was Mutter sich wünscht, ist anders. So hilft sie uns, aus unseren festen Mustern herauszukommen, alles „richtig" machen zu wollen. Es dauerte eine Weile, bis ich dies begriffen hatte und verstand, was Mutter wirklich von uns wollte. Sie möchte nicht, dass wir es „perfekt" machen, sondern dass wir auf den Augenblick reagieren. Sie will, dass wir wach sind, Verantwortung übernehmen und bei unseren Entscheidungen unserer Intuition folgen, als jedes Mal Anweisungen von Ihr zu erwarten.

Wenn man für Mutter Meera arbeitet oder einige Zeit in Ihrer Gegenwart verbringt, ist man einfach nur glücklich. Mutters Helfer müssen oft ziemlich hart arbeiten und unter normalen Umständen würde das wahrscheinlich zur Erschöpfung führen. Nachdem ich fünf Jahre für Mutter gearbeitet habe, ist meine feste Erfahrung, dass der Kontakt mit Mutter einem immer Freude bereitet, unabhängig davon, welche Arbeit man verrichtet.

Nach dem Darshan muss oft eine große Gruppe von Helfern bis spät in die Nacht hinein den Darshan-Saal aufräumen und all die Gegenstände hinausbringen, die für die nächsten Veranstaltungsort benötigt werden. Es ist immer schön für mich, die Freude auf den Gesichtern der Helfer zu sehen, während sie ihre Arbeit tun. Mir ist bewusst, dass sie Mutters Segen für ihre selbstlose Arbeit erfahren. Jedes Mal sagen mir viele der Helfer, dass sie ein erfüllendes Erlebnis durch die Arbeit für Mutter gehabt hätten und dass sie in Zukunft wieder mitarbeiten wollten, wenn Mutter wieder in die Gegend käme, um Darshan zu geben.

Es gab einen Zeitpunkt, als ich merkte, dass ich noch einmal grundlegend darüber nachdenken musste, was Mutter denkt, selbst wenn ich mir sicher war dies zu wissen.

Mutter sollte Darshan in Fairfield, Iowa, geben und einige Tage länger bleiben. Wir hatten für Mutter den Aufenthalt in einer komfortablen Frühstückspension vorgesehen, in der Sie schon mal gewohnt hatte. Alle Vorbereitungen waren gemacht. Meine Frau war nach Chicago gefahren, um Mutter und weitere vier Personen aus Deutschland abzuholen. Ich war zu Hause, um die Souterrainwohnung für zwei von Mutters Begleitern in Ordnung zu bringen, brachte eine Menge überflüssigen Kram hinauf in unser Schlafzimmer und in ein weiteres Schlafzimmer im oberen Bereich. Danach entspannte ich mich vor dem Kamin. Es war einer jener wirklich kalten Winter in Iowa. Dann klingelte das Telefon. Eine Freundin übermittelte mir die Nachricht meiner Frau, dass Mutter und Adilakshmi bei uns wohnen würden und ich die zwei Schlafzimmer oben für sie richten solle. Ich dachte, dass diese Freundin scherzen würde und machte mich darüber lustig. Bis sie richtig ernst wurde und sagte, dass sie zum Helfen kommen würde. Es waren noch vier oder fünf Stunden bis zur Ankunft von Mutter. Während wir hektisch arbeiteten, erzählte sie, dass meine Frau Marsha zu Mutter gesagt habe, dass sie Mutter zwar gerne ihr altes zugiges Haus anbieten würde, es in der Pension aber viel bequemer wäre.

Mutter überraschte Marsha, indem Sie sagte, es sei besser, bei uns zu wohnen, während die Helfer in der Pension bleiben sollten. Der Kram, den ich hinaufgebracht hatte, wurde zurück in den Keller gebracht, wo Marsha und ich während Mutters Aufenthalt nun schlafen wollten. Putzen und Vorbereiten gingen mit Eifer voran. Unsere Katze versteckte sich vor der Hektik, als wir versuchten, unser Heim in eine angemessene Unterkunft für Mutter zu verwandeln. Ich überprüfte ein letztes mal die Bäder (nicht nur frische Handtücher, sondern auch passende Handtücher und alles glänzte wie nie zuvor) und die Schlafzimmer (frische passende Betttücher und Kissen und sogar neue Pantoffeln neben dem Bett, die wir für Mutter früher von Chicago mitgebracht und nie benutzt hatten). Es sah gut und ziemlich zivilisiert aus. Uns wurde allmählich bewusst, dass nach den vielen Malen, die wir in Mutters Wohnung in Deutschland verbracht hatten, nun Mutter in unserem Haus wohnen würde. So kam Mutter an und an viele

Einzelheiten kann ich mich nicht mehr erinnern. Aber mir fällt noch der Satz ein „Mutter ist zu Hause und alles ist gut in Ordnung".

Natürlich möchte jeder die Mutter erfreuen und alles richtig machen. Das kann manchmal zwanghaft werden, so dass wir blind sind dafür, was eine Situation offenkundig erfordert. Es geht nicht immer nach Plan. Oft gibt es Änderungen im Ablauf, welche die besten Pläne zunichte machen. In einem Jahr hatten wir Schwierigkeiten, einen Darshan-Saal zu finden, der allen Anforderungen entsprach. Als wir Mutter fragten, was wir tun sollten, sagte Sie, man solle das Ideal anstreben, aber wenn es nicht gehe „seinen gesunden Menschenverstand" nutzen, um den am besten verfügbaren Saal zu finden. Mutter gibt oft Anweisungen, wie Ihre Bedürfnisse am besten zu erfüllen sind, geht dann aber mit dem, was unter unter den gegebenen Umständen praktischer ist. Sie ändert Ihren Plan, wenn es Dinge für andere leichter macht. Mutter ist bereit, die Bedürfnisse der Devotees über Ihre eigenen persönlichen Wünsche zu stellen und erwartet von uns das Gleiche. Selbstloses Dienen verbunden mit gesundem Menschenverstand scheint das Rezept für ein fließendes Geschehen während des Darshans zu sein.

Aufgrund früherer Erfahrungen in einer spirituellen Organisation war ein Devotee davon überzeugt, dass in Mutters Hotelzimmer alles neu sein müsste! Das schloss Töpfe, Pfannen, Besteck, Handtücher, Bettdecken und -bezüge und sogar eine neue Matratze ein. Als Mutter später erfuhr, was gemacht worden war, lachte Sie, schüttelte den Kopf und sagte: „nicht nötig". Auch eine andere Lektion lernten wir auf den gemeinsamen Reisen: Mutters Bedürfnisse sind bescheiden, und Sie ist immer bereit, sich fröhlich und gütig an jede Situation anzupassen.

Kapitel 5

Frage: Wenn wir zu Dir zum Darshan gehen, erkennst Du unsere Gebete?

Mutter Meera: Ja.

In einem Jahr half ich an zwei verschiedenen Darshan-Orten mit und hatte die Gelegenheit, Mutter und Adilakshmi zwischen diesen hin und her zu fahren. Die Entfernung betrug über 300 Meilen, und ich war vor Aufregung über diese Aussicht überwältigt. Was mich an jenem Tag überraschte, war die Art, wie sich Mutter mit so viel Eleganz, Liebe und Einfachheit durch die Welt bewegt und Ihr Licht überall verbreitet. Sie brachte Ihr Trinkwasser und Ihren Imbiss in einer kleinen Plastiktüte mit. Während der Autofahrt nahm Sie einen iPod raus und hörte Musik. Adilakshmi wollte über die Sehenswürdigkeiten und Landschaften informiert werden, aber Mutter schien damit zufrieden zu sein, ruhig und still mitzufahren. Einmal hielten wir an einem Schnellimbiss an. Ich erinnere mich, wie mir Gedanken durch den Kopf gingen, wie ahnungslos die Leute dort waren, dass die Göttliche Mutter unter Ihnen weilte. Sie erfüllte einfach auf stille und anmutige Weise das Restaurant mit Ihrer Liebe und Ihrem Licht.

Mutter Meera arbeitet ständig daran, der Menschheit weiterzuhelfen. Ihre Aufmerksamkeit ist überall und grenzenlos, auch wenn Sie anscheinend intensiv mit der gegenwärtigen Situation beschäftigt ist. Mutter arbeitet auf allen Ebenen gleichzeitig, ob Sie den ganzen Tag bis in die Nacht hinein Tausenden Darshan gibt, auf den Schmerz in den Herzen der Menschheit horcht und ihn transformiert, mit jemandem in Ihrer unmittelbaren Gegenwart spricht, auf die Gebete antwortet, die Ihr Devotees in Briefen schicken, eine angespannte politische Situation in einem anderen Teil der Welt besänftigt oder Ihre Aufmerksamkeit auf ein weinendes Baby ihr gegenüber in der Flughafenhalle richtet: Mutter arbeitet auf allen Ebenen gleichzeitig. Selbst der traurige Ruf des winzigsten Lebewesens entgeht Ihr nicht.

Auf einer Ihrer Reisen wohnte Mutter in unserer Wohnung hoch oben mit Blick über Stadt und Fluss. Mutter schaute gern aus dem Fenster, offenbar schweigend Ihre Arbeit verrichtend. Eines Abends drehte Sie sich plötzlich um und fragte: „Wo ist die Katze?". Wir hatten Mutter nie erzählt, dass wir eine Katze hatten.

Bevor Mutter eintraf, hatten wir - wenn auch ungern - unsere Katze in eine Tierpension gegeben. Natürlich war die Katze extrem unglücklich über diese Wendung des Schicksals. Aber wir mussten uns nur vorstellen, wie das Kätzchen spielerisch Mutters schöne Saris zerfetzte oder Mutter dem Geruch von Katzenfutter ausgesetzt wäre, um die Entscheidung als unvermeidlich erscheinen zu lassen: Die Katze darf nicht hier bleiben!

Als wir Mutter erklärten, dass die Katze nach Ihrer Abreise zurückkehren würde, erwiderte Mutter voller Mitgefühl (die Not unserer kleinen Katze spürend): „Nein, nein, dies ist das Heim der Katze, bringt die Katze zurück!" Endlich wieder zu Hause ging die Katze zu Mutter und drehte sich auf den Rücken, voller Zufriedenheit und Vertrauen. Das war bei unserer Katze ein überraschendes Verhalten. Wir fragten, ob Tiere Mutters göttliche Präsenz erkennen können. Mutter lächelte und sagte: „Ja".

Es ging mir durch den Kopf, dass all die kleinen Tiere mit ihrem einfachen Bewusstsein Mutters göttliches Wesen erkennen und sich Ihr hingeben können, während so viele Menschen, von ihrem eigenen Drama überschattet, Sie nicht erkennen. Trotzdem ist Mutter durch ihr unendliches Mitgefühl geradezu gezwungen, unablässig an der Erhöhung alles Existierenden zu arbeiten.

Ein Devotee von Mutter hatte ein Grundstück für Mutter erworben. Er hatte vor, darauf einen Ashram zu bauen und ihn nach Fertigstellung der Mutter zu übergeben. Nun stellte er einige Fragen dazu. Nach einiger Zeit sagte Mutter:" Du kannst Erleuchtung nicht kaufen. Du kannst Erleuchtung durch Hingabe erlangen. Es dauert Tausende von Leben".

Mutter ist sehr bescheiden hinsichtlich Ihrer eigenen Bedürfnisse und erlaubt nicht, dass unnötig Geld für Ihren Komfort ausgegeben wird. Sie ist mehr interessiert an der Bequemlichkeit Ihrer Devotees und all jener, die zu Ihrem Darshan kommen. Beim Organisieren des Darshans in unserer Gegend möchte Mutter immer, dass wir es einfach und praktisch für die Darshan-Besucher machen. Mutter bevorzugt einen Darshan-Saal nur einige Minuten von Bushaltestellen, U-Bahn-Stationen und Bahnhöfen entfernt, um den Leuten keine Mühe zu bereiten, wenn sie zum Darshan kommen. Sie wünscht auch, dass Einkehrmöglichkeiten und Unterkünfte in der Nähe des Darshan-Saals vorhanden sind. Während Sie all ihre Aufmerksamkeit auf die Annehmlichkeiten der Darshan-Gäste richtet, ist Mutter damit zufrieden, viele Stunden, manchmal viele Tage, auf der Reise zwischen den Darshan-Orten im Auto zu verbringen. All dies, während Sie viel Zeit damit verbringt, sich um die Einzelheiten des Darshan-Saals zu kümmern, um den Devotees maximalen Komfort zu gewährleisten beim Darshan, für den niemals Geld verlangt wird.

Mutter lehrt uns durch Ihr Beispiel das selbstlose Dienen an der Menschheit. Sie zeigt uns, dass wir alle Paramatman und dem Höchsten Selbst dienen und dass unsere Bedürfnisse zweitrangig sind angesichts dieser größeren Aufgabe.

Einmal wollte Mutter in ein Lebensmittelgeschäft gehen. Ich nannte Ihr einige Möglichkeiten und fügte noch „Whole Foods“ hinzu. Ich erklärte, dass dies der größte Laden mit guten Lebensmitteln sei, aber die Leute dort Sie wahrscheinlich erkennen würden. Ich wusste, wie zurückhaltend Mutter sein konnte und war daher überrascht, als Sie „Whole Foods“ in Boulder wählte. Mutter zog etwas Aufmerksamkeit auf sich, obwohl die Menschen in Boulder rücksichtsvoll waren und niemand Sie anstarrte oder Ihr zu nahe kam, aber sie erkannten Sie offensichtlich.

Einige Tage später erwähnte Mutter, wie viele Leute in Boulder Sie erkannt hatten. Ich fragte, ob Sie ebenfalls die Darshan-Besucher erkannt habe und Sie sagte: „Ja“. Ich fragte: „Erkennst Du jeden, der Darshan bei Dir hatte?“ „Ja“ sagte Sie. „Erkennst Du ihr Gesicht oder ihre Seele?“ „Beides“ erwiderte Sie.

Nicht lange nachdem ich begonnen hatte, zu Mutter Meera zu gehen, erkannte ich, dass es Zeit sei, ein Kind zu bekommen. Ich war damals ledig, so dass der Vorgang für mich anders war als für die meisten Frauen, aber ich wusste, dass es die richtige Zeit war. Nach vielen Arztbesuchen und Versuchen, schwanger zu werden, sagten die Ärzte, dass ich eine intensivere Fruchtbarkeitsbehandlung machen müsse. Ich entschied, die Versuche einige Zeit einzustellen. Ich wollte immer noch verzweifelt ein Kind haben, aber ich wusste auch, dass ich meinen Körper nicht zu etwas zwingen wollte, für das er nicht bereit war.

Ich fuhr weiterhin jedes Jahr nach Deutschland, um Mutter zu treffen und jedes Mal bat ich im Darshan um das gleiche. Ich träumte davon, schwanger zu werden und ein Baby zu haben. Sechs Jahre später ging ich wieder zu den

Fruchtbarkeitsspezialisten und erfuhr, dass ich kein eigenes Kind haben konnte. Mein Herz war gebrochen. Eine Freundin, die einen Sohn aus Nepal adoptiert hatte, sagte zu mir: „Es gibt mehr Kinder in Nepal, die Muttis brauchen". Ich fühlte mich, als ob eine große Lichtkugel auf mich gefallen wäre und das ganze Universum sagte „Ja, jetzt ist die Zeit gekommen". Ich wusste, es war die Zeit, um meinen Traum, ein Kind durch meinen Körper in die Welt zu bringen, aufzugeben und ein Kind aus Nepal zu adoptieren. Mutter öffnete mich für mein Kind.

Als Mutter in unsere Stadt kam, hatte ich die wunderbare Gelegenheit, mit Ihr, Ihren Reisebegleitern und einigen anderen Helfern gemeinsam zu essen. Ich saß neben Adilakshmi und zeigte ihr das Foto meiner zukünftigen Tochter und sagte, dass ich sie aus Nepal adoptieren würde. Adilakshmi zeigte Mutter das Bild. Mutter sah das Bild meiner Tochter an und danach mich. Ich löste mich in Freude auf. Im Oktober jenes Jahres reiste ich nach Nepal, um die Adoption abzuschließen. Ich konnte meine süße Tochter das erste Mal im Arm halten. Es gab Verzögerungen beim

Adoptionsverfahren und ich blieb sechs Wochen in Kathmandu. Es war eine schwierige Zeit, die Verzögerungen hielten an, und wir wurden alle krank. Eine Freundin von mir, die zu dieser Zeit Mutter besuchte, bat ich in einer E-Mail, Mutter um Hilfe zu bitten. Meine Freundin war einverstanden und mailte mir, dass sie mit Mutter gesprochen habe. Bald darauf bewegte sich der Adoptionsvorgang und am 17. November wurde mir gesagt, dass ich jetzt eine Tochter hätte. Einige Wochen später reisten wir heim nach Denver.

Im nächsten Frühling ging ich mit meinem Baby zum Flughafen, um Mutter Meera bei Ihrer Ankunft in Denver zu begrüßen. Während jenes Besuchs hielt Mutter meine Kleine im Arm. Ihr Segen war so viel schöner und perfekter, als ich es mir jemals hatte vorstellen können. Mein Traum, dass Mutter meine Tochter segnen würde, für den ich gebetet und gewartet hatte, war nun Wirklichkeit geworden.

Meine Tochter hatte die wundervolle Gelegenheit, Mutter mehrmals zu sehen. Als sie drei war, und Mutter in Denver war, kam meine Tochter in den Darshan-Saal während wir aufbauten. Mutter war auf dem Darshan-Podest und meine Kleine sagte:“ Mami, da oben Amma Meera“. Ich erwiderte: „Ja, so ist es, meine Süße“.

Jetzt, fast fünf Jahre später, hängt ein Bild von Mutter im Zimmer meiner Sechsjährigen und manchmal sitzt sie neben mir, wenn ich davor meditiere. Meine Tochter sieht ihre Verbindung zur Göttlichen Mutter als selbstverständlich an – ich finde es wunderbar. Ich bin mit der größten Dankbarkeit erfüllt für Mutters Gegenwart in unserem Leben und Ihre wundervolle Unterstützung während meiner Reise.

Das Wort „Ja“ scheint für Mutter etwas anderes zu bedeuten als für uns. Mutter wird oft „ja“ sagen, wenn wir Sie etwas fragen. Wenn wir aber etwas fragen, was das Gegenteil zu sein scheint, wird Sie immer noch „ja“ sagen. Anfangs erschien mir das unlogisch, bis ich erkannte, dass Sie die

Welt anders wahrnimmt und viel mehr Möglichkeiten sieht, als wir es tun. Wenn Sie „ja“ sagt, vermittelt es die Idee, dass wir offen für alles sein können.

Als Mutter das erste Mal Sedona besuchte, wollten die europäischen Helfer den freien Tag am Grand Canon verbringen. Die Gruppe aus Sedona schlug vor, dass Mutter sich Büffel ansieht. Ich denke, Mutter hatte nicht das Bedürfnis, kam aber mit, weil es sich die Personen um sie herum wünschten. Und wenn Sie irgendwo hingeht, warum nicht dahin, wohin die anderen gehen wollen? Mutter lud alle Helfer zu dem den Ausflug ein, und wir hatten eine Karawane von fünf oder sechs Autos.

Am Grand Canon stand Mutter nahe der Kante und ein Big-Horn-Schaf kam gerade herauf und ging genau unter Ihr vorbei. Auf dem Rückweg schlug jemand aus Sedona vor, die White-Buffalo-Ranch zu besuchen. Die Besitzerin kam heraus und erzählte uns, dass ihr Mann gestorben sei und sie das Land verkaufen und die Büffel nach Oregon bringen wolle. Mutter hörte zu, aber niemand von uns mischte sich ein oder sprach mit den Leuten von der Büffel-Ranch über Mutter.

Soweit ich weiß, wurden die Büffel ungefähr ein Jahr später in ihr eigenes schönes Schutzgebiet in Oregon gebracht, wo sie jetzt leben. Und dass dies möglich ist, wird auf der Webseite des Schutzgebietes als ein „Wunder der Liebe" bezeichnet.

Einmal fragte ich Mutter nach der Anzahl an Avataren auf dem Planeten, weil ich ein besseres Verständnis darüber haben wollte. Denn Leute fragten mich, wer Sie sei und wie Sie arbeite. Ich dachte, es könne sechs oder sieben Avatare geben. Mutter sagte, es gäbe viel mehr, sehr viel mehr.

Als Mutter das erste Mal unsere Stadt besuchte, brachte Sie mehrere erfahrene Helfer aus Deutschland mit, die uns beim Aufbau unterstützten. Neugierig fragte ich jemanden, ob Mutter jemals über ihre Erfahrungen gesprochen habe, ein Avatar zu sein. Diese Person erwiderte, dass Mutter einmal gesagt habe, der Unterschied zwischen einer Raupe und einem Menschen sei ähnlich dem Unterschied zwischen einem Menschen und einem Avatar.

Kapitel 6

Frage: Wie viel ist durch unser Schicksal bestimmt?

Mutter Meera: Nicht viel. Viel mehr kann durch Gebet verändert werden.

Als Mutter Meera nach Ashland in Oregon kam, hatte ich das Privileg, Ihr am Büchertisch und als Parkhelfer zu dienen. Als ich Fahrzeuge von Darshan-Besuchern beim Parken einwies, hatte ich eine faszinierende Erfahrung, die mein Leben veränderte. Mutter kam in einem Wagen an, der direkt an mir vorbeifuhr. Ihr Fahrer winkte mir zu und ich winkte zurück. Ich konnte Mutter auf dem Rücksitz sehen, nur wenige Meter von mir entfernt. Sofort begann ich mich dafür zu schelten, weil ich einfach nur gewunken und mich nicht mehr respektvoll oder spirituell durch eine Verbeugung verhalten hatte. Nur wenige Augenblicke später stand sie direkt vor mir. Ihr Gesicht, Ihre Augen schienen das Universum zu halten. Sie blickte in meine Augen und es war, als erhielte ich Darshan nur weniger Zentimeter entfernt. Ich fühlte diese unglaubliche Energie durch meine Füße in meinen Körper eintreten, in die Höhe vibrieren, jede Zelle umfassend, mich in Göttlicher Gnade, Liebe und unbeschreiblichem Frieden badend. Es schien, als ob die Zeit stillstand, aber es dauerte nur Sekunden. Dieses Erlebnis hat mein Leben dauerhaft verändert und meinen Glauben bestärkt. Diese Erfahrung führte mich dazu, mehr Einheit mit allem zu erfahren.

Mutter Meera wohnte dreimal bei meiner Mama und mir, und wir hatten das Privileg, zwei Darshans für Sie in unserer Stadt zu organisieren. Jeder gemeinsame Moment mit Mutter war wertvoll, aber auch verblüffend. Ich hatte all diese Fragen, die ich Mutter stellen wollte; all diese Dinge, die ich sagen wollte, aber irgendwie fand ich nie die Worte, um alles auszudrücken. Meine Beziehung zu Mutter drückte sich in etwa so aus: ich lächelte, Sie lächelte zurück, ich nickte, und das war es. Im Zusammensein mit Mutter schienen die Fragen oder Gedanken, die ich mitteilen wollte, trivial. Es reichte, einfach nur in Ihrer Nähe zu sein. Ich habe niemals ein stärkeres Gefühl an Zufriedenheit und Frieden erlebt, als nur still in der Nähe der Mutter zu sitzen.

Meine Mama ist jetzt in ihren Siebzigern und ihr Geist ist willig, aber ihr Körper schwach. So wurde ich zu ihrem Pfleger und Reisebegleiter. Ich glaube es war am dritten Tag, als wir in Mutters Haus in Boone, N.C. waren. Meine Mama und ich waren nach dem Frühstück in der Küche und machten Lunchpakete für die Darshan-Helfer. Meine Mama saß am Tisch und stopfte Gemüse in die Wraps und ich verpackte die Sandwiches in Folie, als Mutter mit Ihrer Kamera in die Küche kam. Sie ging fotografierend durch das Haus und machte mehrere Fotos von uns, wie wir Lunchpakete zubereiteten. Einmal legte Mutter Meera ihren Arm um die Schultern meiner Mama. Mama, die nie besonders schüchtern war, bat mich, ein Foto zu machen. Und ich holte mein Handy aus der Tasche und machte eine wunderbare Aufnahme, wie sie zu Mutter Meera aufblickt. Der Blick in den Augen meiner Mama war ein Ausdruck, den ich schon zuvor gesehen hatte. Es war der gleiche Blick, den meine kleine Großnichte gehabt hatte, als sie einige Jahre zuvor in unserem Esszimmer auf Mutters Schoß sitzend mit Ihrem Perlenhalsband gespielt hatte: ein Ausdruck völliger Zufriedenheit und vollkommenen Friedens.

Ich machte die Aufnahme und Mutter verließ die Küche. In diesem Moment wusste ich genau, was ich tun musste. Ich verließ die Küche und fand Mutter allein im Esszimmer, Schnappschüsse machend, und fragte, ob ich mit Ihr sprechen könne. Sie sagte leise „ja". „Mutter, ich will Dir einfach nur dafür danken, dass Du meine Mama so unglaublich glücklich machst".

Endlich war ich fähig, klar zu denken und etwas Zusammenhängendes zu sagen.

Mutter sah mich an, lächelte, legte Ihre Hand auf meine Schulter und sagte: „Du bist ein guter Sohn", dann ging Sie. Ich bin ein „guter Sohn". Ich wusste, dass Sie auf einer Ebene kommentierte, was ich für meine Mama tat. Ich habe es zu meiner Verpflichtung gemacht, Mama zu helfen und ich lebe diese Verpflichtung. Aber auf einer anderen Ebene glaube ich zu wissen, dass das Göttliche mir sagen will, dass ich auf dem richtigen Weg sei. Ich tue das, wofür ich bestimmt bin. Bei Stress, Ärger oder Furcht halte ich mich an diese Worte und denke an das Göttliche.

Seit Jahren hatte ich einen bestimmten Freund nicht mehr gesehen. Ich reiste in einen anderen Staat, um Darshan von Mutter zu empfangen und war überrascht, ihn im Darshan-Saal wiederzutreffen. Mutter war auch dort, um beim Aufbauen zu helfen. Ich versuchte niemanden zu stören. Es lag so viel Liebe und Freude in unserer neuen Begegnung. Mutter musste das gespürt haben. Sie drehte sich bei Ihrer Beschäftigung um und schenkte uns ein großes, großes Lächeln.

Eines sehr frühen Morgens war ich auf einer zweispurigen Straße eilig unterwegs, um mit dem Aufbau im Darshan-Saal zu beginnen. Mutter und Adilakshmi waren bei mir Zuhause, und ich wollte sie später holen. Neben jeder der beiden Fahrbahnen war noch genug Platz für Parkplätze. Ich bemerkte jedoch, dass es keine freien Parkplätze mehr gab, weil die Abstände zwischen den parkenden Fahrzeugen zu gering waren. Als in einiger Entfernung eine Verkehrsampel auf grün umsprang, beschleunigte ich in der Hoffnung, noch bei Grün drüber zu kommen.

Plötzlich fuhr eine Frau in einem SUV, die auf meiner Straßenseite am Bordstein parkte, heraus, um zu wenden. Als der SUV so plötzlich vor mir auftauchte, stieg ich auf die Bremse, war mir aber sicher, dass ich zu schnell war, um noch rechtzeitig anhalten zu können. Ich dachte, ich würde den Wagen voll auf der Fahrerseite treffen. Und die Fahrerin dachte das auch. Das Erschrecken in ihrem Gesicht zeigte: auch sie wusste, dass ich nicht rechtzeitig anhalten könnte. Sie konnte nur dort sitzen und auf das Unausweichliche warten. Aber meine Bremsen wirkten. Mein Wagen hielt wenige Zentimeter von der Fahrerseite des SUV. Es war physikalisch unmöglich, so schnell anzuhalten, aber ich schaffte es.

Eine der schönsten Erfahrungen in der ehrenamtlichen Arbeit für Mutter ist, dass wir Teil Ihrer Familie sind. Je mehr man sich Mutter annähert, desto intensiver wird dieser Prozess. Wachstum wird beschleunigt. Ich fand heraus, dass ich beim Zusammensein mit Mutter auf jede erdenkliche Art herausgefordert werde. Situationen entstehen, die bewirken, dass ich plötzlich etwas in mir bemerke, das Heilung benötigt. Ich kämpfe, widerstehe und lasse los in verhältnismäßig kurzer Zeit. Am Ende einer Darshan-Tour fühle ich mich so, als ob ich das Karma eines ganzen Lebens beseitigt hätte. Auf jeder Reise lerne ich so viel über mich selbst. Mutter sagt, dass wir unsere Fehler verstehen müssen, um nicht durch sie beherrscht zu werden. Sie ist eine hervorragende Lehrerin.

In New York treffen sich Menschen aus allen Lebensbereichen. Alle sind dort, um Mutters Gnade zu erfahren, auch ein Mann, der obdachlos zu sein schien. Zuvor hatte die Kirche, in der wir Darshan hielten, ein Essen für Obdachlose gespendet. Diesen einen Mann werde ich niemals vergessen. Bis heute weiß ich nicht, wie er sich gesäubert hatte oder wann er Darshan erhielt. Er stach ganz einfach aus einer Gruppe von Personen am Bücherstand heraus wegen der Liebe, die seine Augen ausstrahlten, wegen seines Lächelns und seiner

Worte. Vor mir stand Liebe, strahlende Liebe. In seinen Händen war Mutters Bild. „Ich liebe sie" sagte er.

Mutter liebt Technik. Als ich das erste Mal für Mutter arbeitete, wurde mir gesagt, dass ich ein Handy benötigte. Dagegen hatte ich viele Widerstände. Bis dahin hatte ich im Auto kein GPS-System. Auf der Darshan-Tour mit mehreren Autos fand ich das sehr anstrengend. Das vordere Fahrzeug hatte ein GPS-System gehabt und wir nicht. Das ging so durch die halbe Tour und dann kauften wir auch ein GPS-System. Ich hatte niemals einen iPod gehabt. Auf einer Reise benutzte Mutter einen. Jetzt habe ich auch einen!

Was mir auffällt ist, dass sich mein Leben seit dem Moment veränderte, als ich erfuhr, dass Mutter in die Vereinigten Staaten kommt. Mein geruhsames Leben wird durcheinandergewirbelt und geht ab wie eine Rakete. Es kann sein, dass ich einfach vergessen hatte, zu beobachten, was „wirklich“ in meinem Leben geschieht. Egal wie sich mein Leben wandelt, es ist nicht immer bequem, zu wachsen und sich zu ändern. Aber ich vertraue auf Mutters Gnade und Liebe, dass alles vollkommen ist.

Die erste Stadt war New York, in der ich Mitglied des Darshan-Teams war. Es gab viele Stunden des Planens und noch mehr Planens mit dem Wissen, dass alles sich ändern kann, sobald Mutter erscheint. Diese Erfahrung half mir in meinem Privat- und Berufsleben: ... organisiere und plane, dann lass los... sei flexibel. Obwohl ich geglaubt hatte, dass wir viele Stunden zu tun hatten, bevor Mutter kam, waren die Darshan-Tage noch viel länger. Was mich aber überraschte, war meine Konzentration sogar nach neun, zehn oder elf Stunden auf den Beinen. Mein Geist war klar und ruhig, der Schlaf war tief und erholsam.

Ich habe Mutter viele Gebete für andere Leute geschickt. Wenn man mit Ihr über andere spricht, dann spüre ich eine besondere Energie. Ich habe ihr unzählige Briefe geschickt und es ist eine interessante Übung, sich zurückzuversetzen und zu sehen, wie jedes Gebet erhört wurde. Mutter kümmert sich um alle meine Bedürfnisse. Die Herausforderungen des Lebens bleiben, aber ich spüre, dass wir auf einen höheren Pfad geführt werden, und ich kann um Wachstum durch Freude bitten. Sogar unser Familienleben wurde viel harmonischer und liebevoller. Alles ist möglich mit Mutters Hilfe.

Ein Baby ist ein gesegnetes Ereignis im Leben einer Familie, mit Hoffnung und grenzenloser Liebe verbunden. Meine Tochter erwartete in den Dreißigern ihr erstes Kind und sie hatte eine durchaus gesunde Schwangerschaft erlebt. Als das Geburtsdatum nahte, gab es die üblichen Erwartungen. Aber das Datum verstrich und wir begannen, uns auf eine spätere Geburt einzustellen.

Zwei Wochen später setzten die Wehen ein, aber es gab Probleme und das Baby steckte im Geburtskanal fest. Schließlich wurde mein Enkel nach einer langen Wehe geboren, aber er atmete nicht.

Er war blau. Er hatte Fruchtwasser geschluckt und dadurch war Mekonium in seine Lunge geraten. Es blockiert die Atmung und verursacht viele Probleme wie Entzündungen und Infektionen. Unsere Freude über seine Geburt verwandelte sich in große Sorge.

Unsere nächsten vierzehn Tage bestanden aus Nachtwachen. Die Eltern saßen wachend am Inkubator. Es gab einige Augenblicke der Hoffnung, aber das Befinden verschlechterte sich laufend. Nach zwei Wochen sagte der Chefarzt den Eltern, dass man alles erdenklich Mögliche versucht habe und dass man die Behandlung einstellen müsste, wenn es innerhalb von 48 Stunden keine Besserung gäbe. Wir sollten uns darauf vorbereiten, dass das Baby nicht lebensfähig sei. Das war unvorstellbar für uns. Meine Tochter bat mich, heimzugehen und jede denkbare spirituelle Arbeit zu tun, um ihr Baby zu retten.

Als ich nach Hause kam, rief ich eine Freundin an, die unsere Situation kannte. Sie hatte schon mit Adilakshmi gesprochen und gefragt, ob Mutter unserem Baby helfen würde. Ich schrieb Mutter Meera ebenfalls eine Nachricht. Bereits seit vielen Jahren besuche ich Mutter Meera, und ich kann nicht beschreiben, wie viel Trost sie meiner Tochter und mir durch Ihre Darshans gegeben hat. Deshalb suchte ich Ihre Hilfe an einem Punkt, wo nur noch das Göttliche helfen konnte. Nach einigen Stunden erhielten wir eine Email-Antwort von Adilakshmi, dass Mutter unserem Baby helfen würde. Und Sie tat es. Denn meine Tochter rief mich sehr aufgeregt aus der Klinik an. Wie aus dem Nichts war ein Arzt in einem Ambulanzhubschrauber eingetroffen, der führend in der Behandlung der gesundheitlichen Probleme meines Enkels war. Der Arzt führte eine Notoperation durch und nahm ihn in einem raumschiffähnlichen Behälter in eine weiter entfernte Klinik mit, die auf diese Behandlung spezialisiert ist. Dort wurde das Baby rund um die Uhr überwacht. Bereits innerhalb eines Tages verbesserte sich sein Gesundheitszustand so sehr, dass das Baby zur weiteren Genesung in unsere Klinik zurück gebracht wurde. Zwei Wochen später konnte es nach Hause kommen. Ich führe diese Ereignisse auf Mutters Aktionen zurück.

Als meine Tochter und ich in einem stillen Augenblick zusammensaßen, sprachen wir über das Wunder, wie der Facharzt auftauchte und wie das

Baby meiner Tochter schließlich gerettet wurde. Ich beugte mich vor und sagte: „Weißt du, sie kennen unser Geheimnis nicht“ und meine Tochter sagte: „Ja, wir erhielten Mutters Gnade“. Jai, Amma Meera.

Denver 2006: Ein Tagebuch

Denver, Teil 1

Am Morgen vor Mutters Ankunft gingen wir zum Darshan-Saal, um dem Raum und dem Buchladen den letzten Schliff zu verpassen. Das Buchladenteam war mit dem Aufbau der Tische, dem Anordnen des Inventars und dem Herstellen einer angenehmen Atmosphäre beschäftigt. Im Darshan-Saal begannen wir mit Staubsaugen (der Raum war am Abend zuvor für eine Party benutzt worden und es gab überall Flecken und Glitter). Wir taten, was wir konnten, um auch die letzten Spuren jener Feier zu beseitigen. Wir wollten einen perfekten Raum für Mutter!

Dann stellten wir eifrig die Stühle auf. Es war uns gesagt worden, dass Mutter keine Bühne wünschte, deshalb stellten wir die Stühle gegenüber dem für Sie vorgesehenen Sitzplatz auf. Wir hatten uns für einen „Sonnenstrahlen"-Aufbau entschieden: mit Mutters Stuhl als „Sonne" und den davon ausgehenden Stuhlreihen als „Strahlen". Wir hatten es zuvor maßstabsgerecht auf ein großes Stück Papier skizziert, so dass wir für jeden Stuhl einen genauen Platz hatten. Wir berücksichtigen dabei auch einige große Pfeiler im Saal. Die Stühle waren so angeordnet, dass von jedem Platz eine gute Sicht auf Mutter möglich war. Auch die Sitzplätze der Helfer waren entsprechend ihrer Aufgaben während des Darshans genau festgelegt. Wir stellten Mutters Stuhl vor eine der Längswände des rechteckigen Raumes auf (so dass der Raum breiter als tief war, so dass hoffentlich jeder eine gute Sicht auf Mutter hätte) und begannen, die Stühle genau nach dem sorgfältig ausgearbeiteten Plan aufzustellen. Die Stühle hatten in der Reihe ungefähr 15 cm Abstand, und zwischen den Reihen gab es circa 60 cm Abstand, um den Gästen möglichst viel Raum zum Hinein- und Hinausgehen zu geben, ohne andere zu stören. Es dauerte Stunden, die Stühle so aufzustellen. Welch glück-erfüllende Arbeit es war!

Wir machten weiter mit viel Konzentration und Liebe und in der Hoffnung, dass Mutter zufrieden sein würde. Am Ende war der Darshan-Saal richtig schön geworden. Es sah wirklich aus wie Sonnenstrahlen!

Als alles fertig war, drängten wir uns in unsere Autos und fuhren zum Flughafen, um Mutter abzuholen. Unsere Herzen klopften vor Aufregung in Erwartung des bevorstehenden großen Augenblicks.

Denver, Teil 2

Wir wollten Mutter mit einem Ausdruck unserer Willkommensfreude begrüßen, aber wir wollten nicht zu viel Aufmerksamkeit auf Sie inmitten des geschäftigen Flughafens von Denver lenken. Wir stimmten überein, dass Schilder als Ausdruck unserer Liebe ein guter Kompromiss wären. Wir alle machen Schilder „Willkommen in Colorado, Mutter" und „Wir lieben Dich, Mutter" und hielten sie in der Haupthalle in der Nähe der Springbrunnen hoch, wo die Fluggäste von den anderen Terminals von der unteren Ebene herauf kommen.

Wegen des Fahrplans der Shuttlezüge kommen die Reisenden gruppenweise herauf zu den Springbrunnen. Wir warteten und warteten, beobachteten jede neue Welle von Gesichtern, hielten Ausschau nach dem einen kostbarsten Gesicht. Endlich entdeckte jemand einen der Begleiter, die mit Mutter reisen. Dann sah jemand Adilakshmi und dann – Freude über Freude – sahen wir Mutter. Sie trug einen gelb-roten Sari. Wir hielten unsere Schilder hoch, damit Sie diese sehen konnte. Sie las die Schilder, und blickte zur Begrüßung lächelnd in jedes unserer frohen Gesichter. Welch unglaublicher Augenblick! Es fehlen die Worte, um die Glückseligkeit jenes Augenblicks zu beschreiben. Einige von uns waren seit fünfzehn Jahren zu Mutters Darshans nach Deutschland gereist und hatten Sie nie außerhalb des Darshans gesehen. Und nun empfingen wir ihren liebevollen Blick und ihr strahlendes Lächeln, einige tausend Meilen entfernt auf einem Flughafen. Das monatelange Planen, Organisieren und Sorgen – all das war in jenem zeitlosen Augenblick hinweggefegt.

Eine der Helferinnen hatte ihre dreijährige Tochter mitgebracht. Mutter ging direkt zu dem Mädchen und spielte eine Minute mit ihm. Es war so süß, diese spielerische Seite der Mutter zu sehen.

Dann drehte sich Mutter um, um zur Gepäckausgabe zu gehen. Wir folgten Ihr. Wir standen zusammen mit Mutter und Ihren Begleitern und warteten auf Ihr Gepäck. Wenn man manchen von uns einige Jahre früher gesagt hätte, dass wir eines Tages mit Mutter an der Gepäckausgabe stehen und auf Ihr Gepäck warten würden, dann hätten sie gesagt: „Du bist völlig verrückt!". Und jetzt waren wir hier, die meisten von uns vollkommen verdutzt über diese geheimnisvolle Veränderung in unseren Leben.

Nachdem jeder sein Gepäck hatte, stiegen Mutter und Adilakshmi in ihren Wagen und verkündeten, dass wir direkt zum Darshan-Saal fahren würden! Wir hatten überhaupt nicht damit gerechnet, dass Mutter den Saal vor dem Darshan sehen wollte. Froh eilten wir zu unseren Autos und fuhren zum Veranstaltungsort zurück.

Denver, Teil 3

Mutter ging in den Darshan-Saal und sah sich um. Sie ließ uns wissen, dass Sie eine Bühne wünschte. Wir lachten. Uns war gesagt worden, dass auf keinen Fall eine Bühne vorhanden sein sollte. Wir hatten sogar einige mögliche Veranstaltungsorte ausgeschlagen, weil sie eine Bühne hatten. Und nun wünschte sich Mutter eine Bühne! Doch dieser Saal hatte keine Bühne. Aber es gab teppichboden-bezogene Blöcke, die man zu einer Plattform zusammenstellen konnte. Wir stellten eine kleine Plattform auf und setzten Mutters Stuhl darauf. Mutter ging zum Stuhl und setzte sich. Wir warteten. Einer von uns fragte, ob Ihr der Saal gefiele und mit dem strahlendsten Lächeln, das wir bisher gesehen hatten, antwortete Sie: „Ja". Solch ein schönes Geschenk! Wir hatten so hart gearbeitet und so sorgfältig geplant und hier war unsere segensreiche Belohnung: Mutter war zufrieden. Freude über Freude!

Mutter stieg von Ihrem Stuhl herab, sah sich um und ging zu Ihrem Wagen. Sie sagte, wir würden zum Essen gehen und jeder sei eingeladen. Könnte

Sie noch großzügiger sein? Könnten wir noch mehr aushalten?

Wir gingen zu unseren Autos und fuhren in ein indisches Lokal. Natürlich ein indisches Restaurant! Wohin sonst würdest du jemanden aus Indien bringen? Damals dachten wir, dass Mutter Meera indisches Essen möge. Mehrere Jahre später fanden wir heraus, dass Mutter Meera indisches Essen eigentlich nicht so mag. Aber das ist eine andere Geschichte …

Denver, Teil 4

Wir waren mit mindestens zwölf oder dreizehn Personen in dem Restaurant. Es wurde ein langer Tisch für uns aufgestellt. Mutter und Adilakshmi saßen nebeneinander, aber keine am Kopfende des Tisches. Adilakshmi unterhielt sich mit einem der Helfer, den sie gut kannte. Mutter schwieg. Wir bestellten unser Essen. Während wir darauf warteten, fragten wir Mutter und Adilakshmi, ob sie alle Anwesenden kannten. Wir hatten nicht daran gedacht, uns vorzustellen. Adilakshmi wies darauf hin, dass sie natürlich viele der Anwesenden kannten und zwar solche, die schon mal beim Darshan gewesen waren, auch wenn es nur einmal oder wenige Male war. Dies war der erste Hinweis für uns, dass Mutter sich an jeden erinnert, der jemals Darshan von Ihr bekommen hat. Die anderen waren schnell vorgestellt. Das Essen kam und jeder aß eifrig. Die Helfer aus Colorado unterhielten sich untereinander und mit den Begleitern, die mit Mutter aus Deutschland gekommen waren. Mutter blieb meist still und aß wenig. Später erfuhren wir von einigen der Begleiter von Mutter, dass sie selbst noch nie zuvor mit Ihr in einem Restaurant gewesen waren. Einige von ihnen hatten Mutter sogar noch nie essen gesehen. Und dennoch aß Sie mit uns, überwiegend mit Menschen, die Sie kaum kannte.

Mutter nahm ein Chapati, trennte es in zwei Teile, legte eine Hälfte zurück und aß die andere Hälfte. Einer der örtlichen Helfer griff sich die andere Hälfte und aß sie eifrig – Prasad. Mutter blickte flüchtig auf und zog sich dann in ihr Schweigen zurück. Schließlich deutete Mutter an, dass das Essen vorüber sei. Mutter und Adilakshmi wurden zu ihrem Hotel gebracht. Die Begleiter von Mutter waren in Häusern der örtlichen Helfer untergebracht, zumeist ungefähr dreißig Autominuten vom Darshan-Saal entfernt. Der Rest von uns fuhr nach Hause in der Hoffnung, noch etwas Schlaf vor dem bevorstehenden sehr vollen Tag zu bekommen.

Denver, Teil 5

Ziemlich früh am nächsten Morgen bekam einer der örtlichen Helfer einen Anruf: wo sind die Begleiter, die mit Mutter reisten? Mutter war bereits im Darshan-Saal, wollte Änderungen und bräuchte deren Hilfe. Wir versuchten, sie zu erreichen, aber einige gingen spazieren, andere kamen gerade zurück von einem Spaziergang und die meisten waren mindestens dreißig Autominuten vom Veranstaltungsort entfernt. Es würde 45 Minuten oder eine Stunde dauern, um hinzukommen. Wir machten uns schnell fertig und eilten zum Darshan-Saal. Mutter hatte bereits fast eine Stunde gewartet. Wir lernten daraus, dass das Reiseteam immer in der Nähe des Veranstaltungsortes untergebracht sein sollte.

Als wir dort ankamen, hatte Mutter die Sitzanordnung im Raum bereits völlig verändert. Sie hatte die Plattform und ihren Sitzplatz so verschoben, dass sie gegen die Südwestecke des Raumes wiesen. Der Gang zum Darshan war nun eine sehr lange diagonale Linie von Ihrem Stuhl bis zur Nordostecke des Raumes. Die Stühle wurden ganz anders angeordnet als am Vortag, aber es blieb noch etwas vom Sonnenstrahlmuster übrig. Wir lachten und lachten. Noch am Vortag schien Mutter zufrieden mit unseren Anstrengungen gewesen zu sein und jetzt änderte Sie alles! Eine neue Lektion in Flexibilität und Loslassen!

Alle anwesenden Helfer sprangen ein beim Neuanordnen der Stühle. Am Tag zuvor hatten wir einige Dekorationen an beiden Seiten der Plattform aufgestellt. Davon war jetzt nichts mehr zu sehen. Es gab nur einen einfachen Wandvorhang hinter der Plattform. Es war ein schöner, schlichter Darshan-Saal.

Denver, Teil 6

Es kamen fünfhundert Personen zum ersten Darshan. Die Begleiter von Mutter halfen uns in jeder Hinsicht beim Betreuen der Darshan-Gäste, von der Platzanweisung über die Hilfe für Rollstuhlfahrer bis zum Aufstellen der Wartereihen. Aber Mutter erlaubte zweien der örtlichen Helfer, auf beiden Seiten der Bühne zu sitzen, um die Leute anzuleiten, die zum persönlichen Darshan zur Mutter hochkamen. Anfangs dachten die Helfer, dass sie wegen jedem Gast aufspringen müssten, der seinen Kopf nicht genau an der richtigen Stelle in Mutters Hände legte oder der nicht sofort aufstand und ging, nachdem Mutter Ihren Blick gesenkt hatte. Wir waren wie Popcorn, sprangen bei der kleinsten Gelegenheit auf. Später lernten wir, dass es nicht nötig war, so einzugreifen – Mutter kann etwas mehr nach oben oder nach unten greifen, um zu den Köpfen der Leute zu gelangen, und das meiste löst sich ohnehin in einigen Sekunden auf. Beim nächsten Mal waren wir viel entspannter und ruhiger. Im allgemeinen lernten wir, dass für die Mutter „weniger mehr" ist. Mutter wünschte zum Beispiel, dass sich die Gäste wann immer sie wollten in die Warteschlange zum Darshan anreihen könnten. Das Ergebnis war, dass Dutzende von Leuten zur selben Zeit in die Reihe gingen und die Warteschlange sich bis an die Seitengänge im hinteren Teils des Saals hinzog. Die Gäste warteten manchmal 45 Minuten auf dem Boden, um Darshan zu bekommen. Wir wurden daher von Mutters Begleitern angewiesen, Personen zu ihren Stühlen zurückzuschicken, wenn diese sich anreihen wollen. Manche Gäste wurden mehrmals zurückgeschickt, und einige wurden ärgerlich. Wir wollten die Atmosphäre im Raum friedlich und still halten, aber die Anspannung hinten im Raum war manchmal ziemlich stark.

Der Darshan dauerte drei Stunden. Danach ging Mutter in Ihren Aufenthaltsraum und die Darshangäste gingen in den Buchladen und dann hinaus. Obwohl wir unerfahren waren, schien es so, als ob alles einigermaßen gut verlaufen wäre. Wir waren müde und froh und bereit zum Essen. Nach einigen Minuten wurde uns mitgeteilt, dass die Begleiter aus Deutschland uns beim zweiten Darshan nicht mehr helfen sollten. Wir waren auf uns allein gestellt. Wir spürten, dass Mutter mit uns spielte und verschiedene Möglichkeiten ausprobierte. Wir aßen schnell und überarbeiteten dann den Plan für die Helfer, um sie neu zu verteilen. Das Team kam zu einem schnellen Treffen zusammen, bei dem jeder Helfer den neuen Plan bekam. Wir lachten und tanzten vor Freude – Mutter spielte mit uns! Welch ein Spaß, mit der göttlichen Mutter spielen zu dürfen.

Die zweite Sitzung schien gut zu gehen. Die Helfer auf der Bühne waren ruhig, und die Atmosphäre im Raum war meistens still. Wir probierten ein neues System hinten im Raum aus, um Spannungen abzubauen, wenn Leute sich in die Reihe einordnen wollten. Wir machten kleine Pappschilder, mit einer grünen und einer roten Seite. Wir hielten die grüne Seite hoch, wenn die Leute sich in die Reihe einordnen konnten und die rote, wenn es zu voll war. Mit diesem System war es etwas weniger anstrengend. Aber es bedeutete, dass die Gäste sich auf ihrem Sitzplatz umdrehen mussten, um zu sehen, welche Farbe angezeigt wurde. Das war zwar nicht ideal, aber es schien die Leute nicht ärgerlich zu machen.

Nach der zweiten Sitzung wurde Mutter in Ihr Hotel gebracht, und wir gingen alle nach Hause.

Würden wir überhaupt schlafen? Wer konnte das sagen!

Denver, Teil 7

Am nächsten Tag trafen wir alle uns wieder im Darshan-Saal – mit genügend Zeit, um Abläufe zu besprechen, etwas einzuüben und uns Gedanken darüber zu machen, was Mutter diesmal ändern würde. Heute, sagte Mutter, würde es zwei Darshanreihen und zwei Wartestühle geben. Von jeder der Reihen würde eine Person dann zu dem entsprechenden Wartestuhl gehen. Und wenn Mutter für den nächsten Gast bereit wäre, würde eine der sitzenden Personen aufstehen und sich vor Mutter hinknien. Die Gäste waren manchmal unsicher, wer als nächster gehen sollte, so dass die Bühnenhelfer sehr genau aufpassen mussten, um zu wissen, wer als nächster dran wäre. Es war nicht leicht, so aufmerksam zu bleiben, wenn man drei Stunden neben Mutter saß! Für die letzte Sitzung in Denver nahm Mutter noch eine faszinierende Neuerung vor: Sie ließ uns die Wartestühle ganz wegnehmen. Soweit wir wussten, hatte Mutter immer Wartestühle benutzt, sogar bei den allerersten Darshans in Indien, als nur wenige Personen anwesend waren. Vielleicht versuchte Sie, einen Weg zu finden, um den Ablauf des Darshans leichter und schneller zu machen. Was auch immer der Grund war (wir fanden heraus, dass Mutter im allgemeinen keine Gründe für Änderungen bekannt gibt), es funktionierte natürlich sehr gut. Die Gäste kamen direkt von einer der Darshan-Reihen auf die Plattform, um Darshan zu empfangen.

Denver Teil 8

Nach all den Monaten des Planens, Organisierens und Wartens war es vorbei - Mutter hatte zwischen ein - bis zweitausend Personen Darshan gegeben und das in einem Industriegebiet, das nicht ein wirklich schöner Teil Denvers ist. So viele Leben wurden verbessert, so viel Heilung wurde gegeben. Alles kostenlos ohne jede Erwartung einer Gegengabe.

Jetzt war es an der Zeit für Mutter und Ihre Begleiter zur nächsten Station der Darshan-Tour zu fahren: Chicago! Mutter ließ uns wissen, dass die Helfer zu Ihrer Abreise zum Flughafen kommen könnten. Eine der Helferinnen setzte Mutter am Flughafen ab und fuhr weg. Sie wusste nicht, dass sie bleiben durfte, um gemeinsam mit Mutter die Wartezeit bis zum Abflug zu verbringen. Mutter ließ jemanden anrufen, um ihr zu sagen, dass sie zurückkommen könne, aber niemand hob ab. Es war sehr bewegend, Mutters Sorge um diese Helferin zu sehen. Nach dem Einchecken saß Mutter bei uns. Es gab viel Lachen und Aufregung. Mutter erlaubte uns, Fotos von allen zusammen zu machen. Dann erlaubte Sie sogar Fotoaufnahmen mit einzelnen Helfern. Wer hätte sich das vorstellen können? Ein individuelles Foto mit Mutter?

Schließlich war es an der Zeit für Mutter und uns alle, zum Gate zu gehen. Wir beobachteten von oben, wie Sie durch die Sicherheitskontrolle und die Treppe hinab zum Zug ging. Mutters Bescheidenheit zu erleben, als Sie wie jede andere Person durch die Sicherheitskontrolle ging, war sehr berührend.

Tränen und Lachen als Sie unseren Blicken entschwand auf dem Weg zur nächsten Station der Glückseligkeitstour.

Werden wir Sie wiedersehen? Wird Ihr riesiges Gnadengeschenk wieder für die Menschen in den Vereinigten Staaten verfügbar sein?

Glossar

Adilakshmi – Mutter Meeras Sekretärin.

Avatar – eine Inkarnation des Göttlichen auf der Erde.

Darshan – Übertragung von Liebe, Licht und Gnade. (Mutter Meera gibt Darshan in der Stille. Es ist Mutter Meeras Geschenk an die Menschheit.)

Japa – eine bestimmte Form, sich an Gott zu erinnern. Eine Wiederholung des Namens dessen, woran wir glauben.

Prasad – Nahrung, durch das Göttliche gesegnet.

Paramatman – das Absolute; das höchste Göttliche Sein.

Darshan-Informationen

Die jeweils aktuelle Informationen über die Darshan-Zeiten und -Orte können Sie auf **www.muttermeera.de** einsehen.

Darshan

Mutter Meera gibt ihren Segen (Darshan) Freitags, Samstags und Sonntags. Man kann nur an einem Darshan pro Tag teilnehmen. Der Darshan ist kostenlos.

Auch Kinder können Darshan empfangen. Sie erhalten Darshan zusammen mit ihren Eltern, gleich zu Beginn und müssen kurz danach mit ihren Eltern/Betreuern den Darshan-Raum wieder verlassen.

Anmeldung zum Darshan ist für Eltern und Kinder erforderlich:

- online: www.muttermeera.de
- telefonisch: 06436 91050 und 51
  (Mo.–Fr.: 10–17 Uhr | Sa.–So.: 10–16 Uhr)

Kindermeditation (Sa. und So.)

Kinder bis zum Alter von 12 Jahren können an der Kindermeditation teilnehmen. Sie müssen während dieser Zeitdauer (ca. 45 Min.) ohne Eltern/Betreuer auskommen können. Eltern/Betreuer können in der Zwischenzeit im Darshan-Raum meditieren.

Anmeldung der Kinder für die Kindermeditation ist erforderlich und kann ebenfalls online oder per Telefon erfolgen (siehe oben).

Stille Meditation

An Wochenenden (Fr.–So.), an denen Mutter Meera nicht in Deutschland ist, findet, jeweils von 19–20 Uhr, im Darshan-Raum eine „Stille Meditation" statt mit dem Segen Mutter Meeras. Jeder kann daran teilnehmen ohne vorherige Reservierung.

Darshan-Adresse

Mutter Meera
Schloss Schaumburg
65558 Balduinstein
Deutschland

Fragen an Mutter Meera

Fragen an die Mutter können in Deutsch oder Englisch per Brief oder Fax (06436 2361) gestellt werden.

Postanschrift:
Mutter Meera
Oberdorf 4a
65599 Dornburg-Thalheim

Mother Meera Online Shop

Folgende Bücher und andere Artikel sind erhältlich über **www.mothermeera.biz/de_DE/**:

- Antworten, Teil 1, 2
- Die Mutter
- Mutters Gnade
- Augenblicke mit Mutter
- Bringing down the Light – Paintings by Mother Meera in three languages (DE | EN | FR).
- Kinder erleben Mutter Meera – ein Buch für Kinder und Erwachsene.
- Photos von Mutter Meera (Größen: Passphoto, 9×13 cm, 13×18 cm, 20×30 cm).